FLUSS- UND MEERESSAGEN

FLUSS- UND MEERESSAGEN

Lizenzausgabe für die XENOS Verlagsgesellschaft m.b.H.
Am Hehsel 42, 2000 Hamburg 63

Titelbild: Michael Pönnighaus

Innenillustrationen: Friedrich Dohrmann

Umschlaggestaltung:
Klingenberg Grafik-Design, Produktion, Hamburg

INHALTSVERZEICHNIS

FLUSS-SAGEN

MEERES-SAGEN

VON KÜSTEN UND INSELN

VON WASSERMÄNNERN, NIXEN UND ANDEREN GEISTERN

VON SEEFAHRERN UND SCHIFFEN

VON SEERÄUBERN UND PIRATEN

VON ALLERLEI TIEREN

FLUSS-SAGEN

RHEIN

Peter von Staufenberg

Zwischen Oberrhein und Schwarzwald liegt auf einem runden Bergkegel die Staufenburg, Stammsitz der Ritter von Staufen. Weit blickt man von ihr über die Rheinebene bis zu den Vogesen.

An einem schönen Sommerabend kam der junge Ritter Peter von Staufen von der Jagd zurück. Er hatte Wasservögel in den Flußarmen des Altrheins geschossen. Am Himmel flimmerte schon der Abendstern, und er beeilte sich, um noch vor Anbruch der Nacht zu Hause zu sein. Doch da er durstig war, bog er, nachdem er eine Weile gegangen war, ein paar Schritte vom Wege ab, um zu einem kleinen Brunnen unter einer Gruppe von alten Eichen zu gelangen.

Plötzlich huschte ein weißes Reh an ihm vorbei. Doch seine Hunde nahmen die Verfolgung nicht auf, sondern winselten nur kläglich und zogen die Schwänze ein. Peter wunderte sich darüber. Noch mehr aber staunte er, als er am Brunnen in der Dämmerung eine helle Gestalt sah. Sie saß auf einem bemoosten Stein, und das Reh sprang auf sie zu und legte zutraulich den Kopf in ihren Schoß. Es war ein zartes, wunderschönes junges Mädchen, das seinen Gruß lächelnd erwiderte.

Peter sprach sie an und sagte ihr, wie erstaunt er sei, sie hier zu finden. Denn er kannte Land und Leute von Jugend auf gut und war ihr noch nie begegnet.

Da gab sie ihm die seltsame Antwort: „Das Fremde ist das Unbekannte, Herr Ritter, und so bin ich für Euch eine Fremde, obwohl ich in Eurer Nachbarschaft wohne.“

Peter wurde dadurch noch neugieriger, denn ihr Benehmen war das eines Edelfräuleins, doch außer den Staufenbergs gab es in der Gegend kein anderes Adelsgeschlecht.
Die Schöne aber war nicht bereit, ihm mehr über ihre Herkunft zu verraten. Auf seine drängenden Fragen sagte sie ihm nur noch, daß sie Florine heiße, und als er sie um ein Wiedersehen bat, antwortete sie lachend: „Damit Ihr seht, daß ich auch ein Zuhause habe, will ich Euch gelegentlich aus meinem Fenster zuwinken."
Mehr war nicht aus ihr herauszubringen Da wurde der junge Ritter keck und versuchte sie zu küssen. Florine aber griff mit beiden Händen in den Brunnen, spritzte ihm das Wasser ins Gesicht, und als er es sich aus den Augen gerieben hatte, war sie spurlos verschwunden, wie vom Erdboden verschluckt.
Peter suchte sie noch eine Weile vergebens hinter Büschen und Bäumen, dann ritt er, halb belustigt, halb ärgerlich zur Staufenburg. Doch in der Nacht konnte er kein Auge zutun, denn er mußte immer an die schöne Unbekannte denken.
Am nächsten Abend ging er wieder zum Brunnen und war überzeugt, Florine dort zu finden. Aber er hatte sich getäuscht, und auch am folgenden Abend wartete er vergebens auf sie. Den nächsten Tag verbrachte er in großer Unruhe. Bereits am Nachmittag ließ er sein Pferd satteln, und nachdem er eine Weile planlos über die Felder geritten war, setzte er sich an den Brunnen und wartete.
So kam die Stunde des Sonnenuntergangs. Gedankenverloren starrte der junge Ritter auf das Spiel von Licht und Schatten auf der Wasseroberfläche, als ihm auf einmal daraus Florines Bild entgegenzulächeln schien. Es sah so lebendig aus, daß er unwillkürlich die Hände danach ausstreckte, doch im gleichen Augenblick rieselte ein dichter Staubregen auf ihn herab, und Peter sprang ärgerlich in die Höhe.
Da ertönte hinter ihm das helle Lachen Florines: „Habe ich Euch nicht versprochen, Euch aus meinem Fenster zu grüßen, Herr Ritter?"
„Aber Ihr könnt doch unmöglich in diesem Brunnen wohnen?" stotterte Peter verwirrt.
„Ich kann es, weil ich eine Undine bin", antwortete Florine ernst.

„Oder ein Mümmelchen, oder eine Nymphe, wie uns die Menschen nennen."

Der junge Ritter schauderte einen Augenblick, doch dann mußte er an die Sage denken, daß der Erste seines Geschlechts ebenfalls eine Undine geliebt und sogar geheiratet haben sollte.

Da warf er alle Bedenken über Bord. Er erzählte Florine von seiner unstillbaren Sehnsucht nach ihr, von seinem Verlangen, immer mit ihr zusammenzusein und bat sie um ihre Hand.

Die Nymphe sah ihn nachdenklich und zärtlich an. „Ihr seid mir schon lange gut bekannt", sagte sie. „Oft habe ich Euch von meinem Brunnen aus beobachtet, wenn Ihr hier Rast machtet, und ich habe jedem Eurer Worte gelauscht, wenn Ihr Euch mit Euren Leuten oder mit den Bauern unterhieltet, die hierherkamen, um Wasser zu holen. Ich habe keinen größeren Wunsch, als Euch zu gehören. Doch es ist sehr gefährlich für uns beide. Denn wenn Ihr mir nicht Euer ganzes Leben lang treu bleibt und eines Tages einer Anderen Euer Herz schenkt, so wird es Euer Tod und mein Unglück sein."

„Nie werde ich einer anderen gehören!" beteuerte der junge Ritter leidenschaftlich.

„Ich will aber nicht, Herr von Staufen, daß Ihr mir in einer schnellen Leidenschaft versprecht, was Ihr vielleicht nicht halten könnt", ant=wortete Florine. „Das Herz der Menschen ist unruhig, und nur selten gibt es sich zufrieden mit einer Liebe für das ganze Leben. Ich will Euch Bedenkzeit lassen, bis der Vollmond zum dritten Mal am Him=mel steht. Wenn Ihr dann immer noch Euer Versprechen halten wollt, so kommt an Euren Gartenteich und ruft dreimal meinen Na=men. Dann werden wir uns wiedersehen."

Als Peter sich tiefbewegt über ihre Hand neigte, um sie zu küssen, fielen ihre Tränen auf sein Haar. Dann warf Undine ihren Schleier über und verschwand zwischen den Bäumen. Der junge Ritter aber stand lange Zeit noch am Brunnen, überglücklich, und doch von einer bangen Ahnung erfüllt.

Unendlich langsam verstrich ihm von nun an die Zeit. Um wenigstens der Geliebten ab und zu nahe zu sein, ging Peter allabendlich zum

Gartenteich und rief leise ihren Namen in die Dunkelheit. Manchmal glaubte er murmelnde Stimmen aus dem Wasser zu hören, und eines Nachts sah er im Wasserspiegel unheimliche Gestalten, die ihn zornig oder höhnisch angrinsten. Erschrocken rief er unwillkürlich nach Florine. Da verschwanden die häßlichen Fratzen, eine Frauenhand winkte aus dem Wasser und warf ihm einen blühenden Myrtenzweig zu. Doch als Peter nach ihm faßte, hielt er eine naßkalte Wasser=schlange in der Hand.

Bedenken kamen ihm: Vielleicht war Florine auch nur eine Spuk=gestalt, die ihn narrte, die Verbündete böser Geister? Um Gewißheit zu bekommen, bat er am nächsten Morgen den Burgkaplan, die Ge=stalten im Teich zu beschwören. Der machte sich auch gleich auf, doch kaum hatte er die Beschwörungsformel gesprochen, als der Teich in wilden Aufruhr geriet. Das Wasser stieg dem Priester bis zum Kinn, und er wäre sicher ertrunken, hätte nicht im letzten Augenblick eine weiße Nymphe, die aus dem Teich auftauchte, die Wellen gebändigt. Peter erkannte Florine, aber als er sie anrief, zerfloß die Gestalt in einen zarten Rosenschimmer.

Der Priester aber war überzeugt, daß keine Teufel, sondern Wasser=geister hier hausten, die niemand schaden, sondern nur den Menschen allerhand Streiche spielen. Der junge Ritter war darüber sehr er=leichtert.

Endlich stand der Vollmond zum dritten Mal am Himmel. Peter konnte die Stunde kaum erwarten, in der er endlich zum nächtlichen Gartenteich eilte, um dreimal den Namen Florines zu rufen. Sein Herz schlug laut, als aus dem Schilf ein hochgewachsener Greis mit langem, weißem Bart trat, der Florine an der Hand führte.

„Ritter von Staufen", sagte der Greis, „ich bringe dir deine Braut. Du hattest Zeit, dir diesen Schritt wohl zu überlegen. Doch solltest du sie eines Tages verlassen, so werdet ihr es schrecklich büßen müssen."

„Ich liebe Florine und werde sie immer lieben!" rief Peter von Staufen und zog die Nymphe an sein Herz.

Wenige Tage später traute der Burgkaplan das junge Paar, und es begann eine Zeit reinen, ungetrübten Glücks für die beiden. Sie

lebten nur füreinander und beachteten kaum ihre Umgebung. Florine strahlte vor Liebe und hatte nur Augen für ihren Mann. Allmählich jedoch begann Peter diese ständige Seligkeit ein bißchen zu lang=weilen. Es ging ihm wie manchen reichen Leuten, die bei Sekt und Ka=viar plötzlich Appetit auf Bohnensuppe bekommen. Er widmete sich nun wieder häufiger der Jagd und blieb von Mal zu Mal länger aus. Florine achtete zunächst nicht so sehr darauf, denn sie hatte einem Sohn das Leben geschenkt und war tagsüber mit seiner Pflege und Erziehung beschäftigt.
Da erhielt Peter die Nachricht, daß drüben überm Rhein Krieg sei. Seine Lust nach Ruhm und Abenteuer, die so lange geschlummert hatte, erwachte von neuem und er beschloß, ins Feld zu ziehen.
Florine erschrak sehr, als sie es hörte, doch da sie sah, wie sehr ihn danach verlangte, half sie tapfer seine Ausrüstung in Ordnung brin=gen und bezwang beim Abschied ihre Tränen.
Peter ritt mit seinem Gefolge nach Burgund, wo ihn der Herzog freu=dig begrüßte, denn er hatte gegen den mächtigen Feind einen schweren Stand. Obwohl Peter und seinen Leuten ein paar kühne Handstreiche gelangen, schien das Glück zunächst doch lange Zeit auf Seiten des Feindes zu sein. Doch dann entschloß sich der Herzog, eine Schlacht zu wagen, die sorgfältig vorbereitet wurde.
In der Nacht vorher lag Peter schlafend am Feuer, als er auf einmal von Gesang und Saitenspiel erwachte. Neben ihm saß ein weißgeklei=deter Knabe mit einer Harfe und lächelte ihn an.
„Wer bist du?" fragte Peter erstaunt.
„Meine Heimat ist dort drüben bei der Mühle", sagte der Knabe, „und ich bin gekommen, weil ich Euch helfen will. Ich weiß ein Mittel, wie Ihr den Krieg schnell und siegreich beenden könnt. Aber vorher müßt Ihr mir etwas versprechen."
„Alles", lachte Peter, der das für einen Scherz hielt.
„Wenn Ihr morgen mit meiner Hilfe gesiegt haben werdet, so verlaßt sofort dieses Land und kehrt zurück zu Weib und Kind!"
Das versprach Peter gern, zumal es ihm nun vorkam, als sei der Knabe ein Bote von Florine.

Da flüsterte der Knabe schnell: „Am jenseitigen Ufer des Flusses, an der hohen Felswand, steht eine alte Kirche. Daneben hat der feindliche Feldherr mit wenigen Getreuen sein Lager aufgeschlagen. Niemand kann dort den Fluß überqueren, ich aber weiß eine verborgene Furt, zu der ich Euch führen werde. Mit ein paar Leuten könnt Ihr hinüber und sie alle gefangennehmen oder töten.“

Peter zögerte nur einen Augenblick, dann rief er zwanzig seiner besten Leute zu sich, und alles kam, wie der Knabe es gesagt hatte. Der Oberbefehlshaber der Feinde fiel im Kampf, weil er sich nicht gefangennehmen lassen wollte, und Peter kehrte mit den übrigen zurück ins burgundische Lager. Jetzt griff der Herzog sofort an, und in wenigen Stunden war das verwirrte Heer der Feinde völlig geschlagen. Der Herzog aber überschüttete den Ritter von Staufen mit Ehren und nannte ihn seinen besten Freund.

Da vergaß Peter das Versprechen, das er dem Knaben gegeben hatte. Mit großem Ehrengeleit wurde er zum Herzogsschloß geführt, wo er, der noch nie hinaus in die Welt gezogen war, zum ersten Mal den Glanz und Prunk eines großen Hofes kennenlernte. Der Reichtum, den er dort sah, und die Schmeicheleien, die er ständig zu hören bekam, verwirrten seinen einfachen Sinn, zumal ihm der Herzog seine Tochter Adelgunde als Gemahlin vorschlug.

Die Prinzessin war eine stolze, hoheitsvolle Erscheinung, und Peter verlor nun völlig den Kopf, als er sich vorstellte, daß sie die Seine würde. Immerhin war er offen genug, dem Herzog zu gestehen, daß er bereits gebunden sei und erzählte ihm die romantische Geschichte seiner Ehe.

Da ließ der Herzog den Hofkaplan hinzuholen, und beide wußten ihn mit geschickten Worten schließlich davon zu überzeugen, daß Florine ihn nur mit Teufelslist habe für sich gewinnen können.

So wurde also die Verlobung Peter von Staufens und Prinzessin Adelgundes mit großer Pracht gefeiert. Nach dem festlichen Mahl vergnügte sich alles bei Musik und Tanz im Prunksaal des Schlosses. Nur Peters Herz wurde schwer und schwerer mit jeder Stunde. Er sah Florine vor sich, mit dem Kind auf dem Arm, wie er sie zum

letzten Mal gesehen hatte. Da verließ er die lustige Gesellschaft und ging hinaus in den Park. Dort stand er, an den Stamm einer schwarzen Pappel gelehnt und sah hinunter auf den Strom. Da glaubte er auf einmal Gestalten aus dem Wasser tauchen zu sehen, welche die Arme nach ihm streckten und ihn hinabzuziehen drohten, und zwischen ihnen Florine mit dem Kind. Sie lächelte ihm traurig zu.
Peter stand wie erstarrt vor Angst und wagte nicht, sich vom Platz zu rühren, bis er Stimmen hinter sich im Park hörte. Man hatte ihn vermißt und kam, ihn zu suchen. Der Herzog sah ihm an, daß irgend etwas vorgefallen sein müsse und drang mit Fragen in ihn. Da erzählte ihm Peter flüsternd von den schrecklichen Bildern, die ihm soeben erschienen waren. Wieder ließ der Herzog seinen Kaplan kommen, der Peter beruhigte und ihm versicherte, daß der Spuk endgültig verschwinden werde, sobald seine Verbindung mit Adelgunde den kirchlichen Segen habe. Und wieder gab der junge Ritter gegen seine innere Überzeugung nach.
Die Hochzeit wurde im Lustschloß des Herzogs noch prunkvoller als die Verlobung gefeiert. Adelgunde zeigte sich ihrem jungen Gatten so herzlich zugetan, daß er nun doch sehr bezaubert von ihr war. Gerade hob er den Becher, um ihr zuzutrinken, als er sah, wie aus der gegenüberliegenden Wand ein weiblicher Fuß hervorkam. Er erstarrte vor Schreck, und der Becher entfiel seiner Hand. Doch faßte er sich schnell wieder, da die Erscheinung sofort verschwand, und er glaubte nun selbst, daß er nur an krankhaften Einbildungen leide.
Nach der Hochzeitstafel ging die Gesellschaft in einzelnen Gruppen im Park spazieren, der das Lustschloß umgab — Peter von Staufen an der Seite seiner neuen Frau. Doch da geschah es: Am Ufer eines kleinen Baches bückte sich Adelgunde, um eine Blume zu pflücken. Dabei fiel der Myrtenkranz von ihrem Haar ins Wasser und schwamm davon. Traurig und erschrocken sah sie ihm nach, doch Peter sprang schnell ins Wasser, das ihm nur eben über die Knöchel reichte und griff nach dem Kranz. Der aber verwandelte sich in eine eiskalte Frauenhand, und aus dem Wasser sah ihn traurig Florine an, die seinen Sohn im Arm hielt. Er taumelte, stürzte, hoch schäumten die

Wellen auf und rissen ihn mit sich fort. Das alles ging so schnell, daß niemand von den Umstehenden ihn zurückhalten konnte. Nicht ein= mal sein Leichnam konnte geborgen werden.

Der Petersberger Liebesquell

Am Petersberg im Schwarzwald entspringt ein silberheller Quell, der als rauschender Bach den Berg hinunter, durchs Tal und schließlich in den Rhein fließt. Er heißt der Liebesquell.

In mondhellen Nächten wandelt dort eine zierliche Rheinnixe den Bach hinauf bis zur Quelle. Dort beugt sie sich über den steinernen Rand und flüstert geheimnisvolle Worte. Danach schwimmt sie mit dem Wasserlauf schnell zurück zu ihren Nixenschwestern im großen Rhein.

Dieser Nixenzauber aber hat eine wunderbare Wirkung. Wenn näm= lich zwei junge Menschen an der Quelle vorübergehen, die sich gern haben, sich aber noch nicht recht einig sind, so zwingt eine unwider= stehliche Gewalt sie, stehenzubleiben und miteinander in den Brun= nen zu sehen. Dann erblicken sie auf dem Wasserspiegel ihr Bild, doch eng umschlungen und Mund an Mund. Immer tiefer neigen sich die beiden über die Quelle, um von ihrem Wasser zu schöpfen. Mit ihm aber trinken sie den Nixensegen: das Glück und das Leid der Liebe.

Daher hat der Brunnen seinen Namen.

Die Nymphe im Hohenberg

Der Hohenberg liegt in der Rheinpfalz. Jedes Jahr im Winter hört man in seinem Inneren ein lautes Rauschen und Brausen, als ob ein wildes Wasser darin tobe.

Die Menschen, die früher in der Nähe des Hohenbergs wohnten,

waren darüber sehr besorgt, aber niemand wagte, dem Geräusch nachzugehen und nach seiner Ursache zu forschen. Eines Tages kam ein bömischer Bergmann in die Gegend. Als er einmal abends im Wirtshaus mit ein paar anderen Männern zusammensaß, erzählten die ihm von dem seltsamen Geräusch im Hohenberg.
„Und warum geht ihr nicht hin und seht nach, woher es kommt?" fragte der Bergmann.
Die Männer ärgerten sich über diese Frage und wußten zunächst keine Antwort, denn sie wollten nicht eingestehen, daß sie sich vor dem rauschenden Berg fürchteten. Endlich sagte einer von ihnen listig: „Wir können das nicht. Es heißt nämlich, daß nur ein Fremder, der eines Tages hierher kommt und sich unerschrocken in den Berg wagt, hinter das Geheimnis kommen kann."
Der Bergmann wollte das erst nicht so recht glauben, aber als die anderen Männer nun lebhaft die Worte ihres Zechbruders bekräftigten und auch noch der Wirt hinzukam und schwor, daß es so sei, wie er gesagt habe, ließ er sich überzeugen. „Nun gut", meinte er. „Vielleicht bin ich der Fremde, der gemeint ist." Damit leerte er sein Weinglas, verabschiedete sich und ging in seine Kammer, die er bei einer armen Witwe gemietet hatte.
Gleich am nächsten Morgen machte er sich auf zum Hohenberg. Er hatte alles Werkzeug bei sich, das er brauchte, um einen tiefen Gang in den Berg zu graben und machte sich auf mehrere Tage Arbeit gefaßt. Zu seinem Erstaunen aber kam er dem geheimnisvollen Wasserrauschen mit jeder Stunde hörbar näher, und bereits am Mittag gab das Gestein unter seiner Hacke plötzlich nach. Er gelangte in eine Höhle, die das ganze Berginnere ausfüllte. Ihre Wände bestanden aus schimmernden Rheinkieseln, und das Rauschen kam aus einem Brunnen in der Mitte, auf dessen Rand eine wunderschöne Jungfrau saß. Sie trug ein weißes Gewand, das wie aus Nebel und Tau gesponnen schien und auf dem Kopf eine zierliche, kostbare Krone, deren große, blitzende Diamanten das Berginnere erhellten und die Rheinkiesel an den Wänden in allen Regenbogenfarben aufleuchten ließen.

Der böhmische Bergmann stand starr vor Staunen. Dann aber faßte er sich schnell und rief laut, um sich durch das Wasserrauschen verständlich zu machen: „Das ist eine Überraschung! Was machst du denn hier und wer bist du überhaupt?"

Die Schöne nahm lächelnd einen Rheinkiesel vom Boden und warf ihn in den Brunnen. Sogleich ließ das Rauschen etwas nach. „Das Gleiche könnte ich auch dich fragen, der du einfach daherkommst und in mein Reich eindringst", sagte sie mit einer Stimme, die wie Wasser klang, das auf Silber tropft. „Aber weil du nur ein Mensch bist, will ich zuerst antworten: Ich bin die Nymphe vom Hohenberg und muß darüber wachen, daß das Wasser in diesem Brunnen unterirdisch zum Rhein abfließt und nicht über den Rand steigt. Das versucht es nämlich immer wieder, und wenn es ihm gelingt, wird es bald die ganze Höhle ausfüllen, den Berg sprengen und sich in einem mächtigen Strom über die Pfalz bis zum Rhein ergießen. Alles — Menschen und Vieh, Wald und Feld — wird dann in seinen Fluten ertrinken."

Der Bergmann war von ihren Worten sehr beeindruckt und verneigte sich tief. „Verzeiht mir, daß ich hierher gekommen bin", sagte er viel höflicher als vorher, „aber was sollte ich machen? Die Leute draußen haben mich hergeschickt, um zu erfahren, was das Rauschen im Hohenberg bedeutet. Nun kann ich es ihnen ja erzählen. Aber damit sie Euch nicht aus lauter Neugier ebenfalls aufsuchen und stören, werde ich ihnen berichten, daß neben Euch ein feuriger Drache sitzt und Euch bewacht!"

„Deine Mühe soll aber nicht vergeblich gewesen sein", antwortete die Nymphe. „Sage mir einen Wunsch, und er wird in Erfüllung gehen."

Sie wartete eine Weile und sah, wie der Bergmann nachdachte. Seine Blicke wanderten an den gleißenden Wänden der Höhle entlang, blieben aber immer wieder an ihrer kostbaren Krone haften. Da fügte sie schnell hinzu: „Ich weiß, daß du meine Krone haben möchtest, und weil ich versprochen habe, dir jeden Wunsch zu erfüllen, könnte ich dir auch diesen nicht abschlagen. Aber wenn ich meine Krone verliere, habe ich nicht mehr die Kraft, das Wasser im Brunnen zu

bannen. Du bist dann reich, doch das ganze Land wird untergehen. Überlege es dir also gut!"
Der böhmische Bergmann kämpfte einen kurzen Augenblick mit sich selbst. Der Gedanke schoß ihm durch den Kopf, daß es ihm ja gleichgültig sein könne, was aus diesem fremden Land und seinen Bewohnern würde, wenn er nur diesen unermeßlichen Schatz besäße. Doch dann schüttelte er schnell den Kopf. „Behaltet Eure Krone", sagte er fest. „Ich will mir lieber etwas anderes wünschen. Aber reich möchte ich schon sehr gern werden. Schenkt mir also ein kleines Faß, voll vom besten Gold, das es hierzulande gibt."
Da lachte die Nymphe erleichtert auf und riet ihm, schnell nach Hause zu gehen. Dort werde er im Keller finden, was er sich gewünscht habe. Damit hob sie einen zweiten Kiesel vom Boden auf und warf ihn wieder in ihren Brunnen. Augenblicklich erfüllte ein so mächtiges Rauschen die Höhle, daß dem Bergmann angst und bange wurde. Er verneigte sich zum Abschied stumm vor der Nymphe und trat den Rückweg an. Den Gang aber, den er gegraben hatte, schaufelte er sorgfältig wieder zu.
Spät am Abend kam er nach Hause und ging, obwohl er todmüde war, sofort in den Keller, um nachzusehen, ob die Nymphe ihr Versprechen gehalten hatte. Und tatsächlich, dort stand ein ziemlich großes Faß, das er vorher noch nicht gesehen hatte. Gierig bohrte er ein Loch hinein, um einen Blick auf das Gold darin zu erhaschen, doch er war bitter enttäuscht, als ihm mit einem Mal ein Strahl von goldenem Pfälzer Wein mitten ins Gesicht traf. Wütend begann er, abwechselnd die Nymphe und seine eigene Gutmütigkeit zu verfluchen. Dabei leerte er einen Becher nach dem anderen, bis das Faß schon oben ziemlich hohl klang, als er daran klopfte, und wankte endlich müde, enttäuscht und halb betrunken ins Bett.
Am nächsten Morgen kam es ihm beim Erwachen zuerst so vor, als ob er alles nur geträumt habe. Aber dann fiel ihm das Weinfaß wieder ein, und sein Zorn erwachte von neuem. Ärgerlich stieg er hinunter in den Keller, wunderte sich jedoch sehr, daß das Faß wieder gefüllt war, als habe er nicht Becher für Becher daraus getrunken. Da endlich

wurde ihm klar, daß es die Nymphe doch gut mit ihm meinte. Sie hatte ihm ein Faß voll des besten Goldes geschenkt, das es im Lande gab: edlen Pfälzer Wein. Und noch dazu ein Faß, das niemals leer wurde!

Weil er nicht nur ein braver Mann, sondern auch ein guter Rechner war, gab er seinen Bergmannsberuf auf, heiratete die hübsche Tochter der armen Witwe, bei der er wohnte und wurde wohlhabend durch den Verkauf des Weines aus dem Faß, das sich immer von neuem füllte, solange er lebte.

Lorelei

Oberhalb von St. Goarshausen strömt der Rhein in einer Biegung zwischen seinen Ufern, die dicht zusammentreten, um einen hohen, düsteren Felsen: die Lorelei. Jeder weiß, daß er seinen Namen von der schönen Nixe hat, die in früheren Zeiten bei Sonnenuntergang hoch droben zu sitzen pflegte, ihr goldenes Haar kämmte und so wunderbar sang, daß die Schiffer, die drunten vorüberfuhren, die Herrschaft über ihr Boot verloren und untergingen.

Von den vielen unheimlichen Geschichten, die man über sie berichtet, sei hier eine erzählt:

In einem kleinen Haus bei St. Goar wohnte ein junger Fischer mit seiner Mutter. Sie war eine Witwe, die in jungen Jahren schon ihren Mann verloren hatte, und ihr einziger Sohn war ihr ganzer Stolz. Nur eins bereitete ihr Kummer: Sie wünschte sich so sehr eine fröhliche, junge Schwiegertochter und Enkelkinder, doch ihr Sohn machte nicht die geringsten Anstalten, sich unter den heiratsfähigen Schönen von St. Goar eine Frau zu suchen. Er schien es vorzuziehen, allein zu sein, ging fleißig seiner Arbeit nach, und jeden Abend unternahm er lange Fahrten in seinem kleinen Boot auf dem Rhein. Das aber hatte seinen besonderen Grund: Die Lorelei hatte es ihm angetan, und niemand wußte etwas davon. Jeden Abend vor Sonnenuntergang ruderte er rheinaufwärts zum Loreleifelsen und machte sein Boot am gegenüberliegenden Ufer fest. Dort setzte er sich auf einen von den Wellen

umspülten Stein und sah wie gebannt hinauf zu dem Felsen, auf dem die Lorelei in den letzten Strahlen der Sonne saß, die ihr Haar nur noch goldener aufleuchten ließen. Entzückt lauschte er ihrem Gesang und verließ seinen Platz nicht, ehe sie mit Sonnenuntergang verschwand. Doch ihrem Winken und Locken, sich mit seinem Boot dem Felsen zu nähern, widerstand er, denn er wußte, wie gefährlich es war und daß schon viele ihr Leben dabei verloren hatten.

So verging die Zeit, und es hätte sich wohl nichts geändert, wenn nicht eines Tages seine alte Mutter schwer erkrankt wäre. Da sie fürchtete, nicht mehr lange zu leben, bat sie auf ihrem Krankenlager ihren Sohn noch einmal herzlich, doch bald eine Familie zu gründen, da er ja alt genug sei und sie auch wohl ernähren könne. In der Sorge um seine Mutter, die er sehr liebte, versprach er nun endlich, ihre Bitte zu erfüllen und bat schon wenige Tage später eine junge Nachbarstochter, mit der er seit der Kinderzeit befreundet war, seine Frau zu werden. Seine Mutter war darüber so glücklich, daß es ihr von Tag zu Tag wieder besser ging.

Am Vorabend des Tages, an dem die Verlobung gefeiert werden sollte, machte er zum letzten Mal sein Boot los und ruderte den Rhein hinauf. Schon von weitem sah er die Lorelei auf ihrem hohen Felsenthron sitzen. Doch diesmal winkte sie ihm nicht zu, sondern streckte ihm ihre Arme entgegen, und ihr Gesang klang so sehnsüchtig, daß ihm ganz traurig zumute wurde. Noch nie war ihm die Nixe so schön erschienen. Da vergaß er alle seine Vorsätze: Statt sein Boot wie sonst am gegenüberliegenden Ufer festzumachen, steuerte er es geradewegs auf den Felsen zu, den Blick immer hinauf zur Lorelei gerichtet. Je näher er kam, desto heftiger wurde die Strömung und desto bedrohlicher rauschte der Fluß. Er aber achtete nicht darauf und ließ sich treiben, bis ein mächtiger Strudel das schmale Boot erfaßte und es mit ihm hinunter in die Tiefe riß.

Rhein

Das Wunder zu Remagen

In Köln regierte der Erzbischof Reinald aus dem Geschlecht der Grafen von Dassel. Eines Tages unternahm er eine Wallfahrt nach Rom, um den päpstlichen Segen zu empfangen. Zugleich hatte er den Wunsch, aus den römischen Märtyrergräbern Reliquien für seine Kölner Kirchen mitzubringen. Der heilige Vater erfüllte seine Bitte, und nachdem er ihm den apostolischen Segen erteilt hatte, durfte Reinald die Überreste der heiligen drei Könige mit zurück nach Köln nehmen und die Gebeine des heiligen Apollinaris, des heiligen Felix und des heiligen Nabor. Dankbar und glücklich trat Reinald die Heimreise an.

Sein Weg führte rheinabwärts über Basel und Straßburg. Eines Abends landete sein Schiff in Koblenz, wo ihn zu seiner Freude der Bischof von Trier erwartete. Doch sein geistlicher Bruder versuchte vergeblich, Reinald zur Übernachtung in Koblenz zu bewegen: Der Erzbischof konnte es kaum erwarten, mit den kostbaren Reliquien nach Köln zurückzukehren, und so trat er nach dem Abendessen eilig die Weiterreise an.

Von fern erglänzte bereits das Siebengebirge im Mondschein, und das alte Remagen mit seiner hochgelegenen Martinskirche und der Propstei tauchte in der Ferne auf. Da aber stand das Schifflein des Erzbischofs plötzlich still und war nicht mehr von der Stelle zu bewegen. Den Schiffern war das ein Rätsel. Es saß weder auf einem Felsen noch auf einer Sandbank fest, sondern schaukelte mitten im tiefen Strom. Doch soviel sie auch ruderten und die Segel setzten, sie kamen keinen Schritt voran. Den Leuten wurde es sehr unheimlich zumute, aber der Erzbischof sprach ihnen Mut zu: „Das ist sicher ein Zeichen Gottes", sprach er zu ihnen. „Ich will im Gebet versuchen, den Willen des Herrn zu erfahren."

Reinald von Dassel kniete nieder und bat Gott von Herzen, ihm doch zu eröffnen, wie dieses merkwürdige Geschehnis zu deuten sei. „Vielleicht ist es nicht nach deinem Willen, oh Herr, daß die Gebeine der Heiligen, die ich mit mir führe, einzig und allein die Kirchen von Köln zu Stätten des Wunders machen sollen?" so fragte er. „Vielleicht wünschest du, daß ich an andere Kirchen etwas von diesen Schätzen abgeben soll? Wenn das dein Wille ist, so gib mir ein weiteres Zeichen, damit ich ihn erfüllen kann!"

Kaum hatte er sein Gebet beendet, als sich das Schiff zu bewegen begann und sich auf den Berg richtete, auf dessen Höhe die St. Martinskirche steht. Im gleichen Augenblick begannen alle ihre Glocken im Turm zu läuten, ohne daß der Küster sie gezogen hätte.

Die Menschen drunten im Schiff waren tief ergriffen. Der Erzbischof aber nahm den Schrein, der die Gebeine des heiligen Apollinarius enthielt und befahl seinen Leuten, am Ufer anzulegen. In feierlichem Zug schritten sie hinauf zur St. Martinskirche, und die Einwohner Remagens, die durch das ungewohnte Läuten mitten in der Nacht aufgeweckt worden waren, strömten von allen Seiten herbei und schlossen sich ihnen an. Oben auf dem Berg kam ihnen der Propst mit den Priestern und dem Allerheiligsten entgegen. Alle traten in die Kirche, und Reinald von Dassel setzte den kostbaren Schrein auf dem Altar nieder. In diesem Augenblick stimmten sämtliche Glocken drunten in der Stadt in das Geläute der Martinskirche ein, und da wußte Reinald von Dassel, daß er das Richtige getan hatte.

Die ganze versammelte Gemeinde begleitete den Erzbischof nach der Feier hinunter zu seinem Schiff, das ihn in schneller Fahrt zurück nach Köln trug Es war, als wolle es die Zeit einholen, die während der Feier in der Martinskirche vergangen war. Seitdem geschahen viele Wunder durch die Gebeine der Heiligen im Dom zu Köln.

REUSS

Die Teufelsbrücke

Vom Multhorn, im St. Gotthard=Gebiet, fließt mit wildem Rauschen über Steine und große Felsbrocken die Reuß zu Tal. An der Stelle, wo ihr Flußbett besonders zerklüftet ist, führt eine Brücke von einem Ufer zum anderen, die der Teufel persönlich gebaut haben soll.

Einst lebte am Multhorn ein Alpenhirte, der eine junge Sennerin liebte. Doch die Weiden, auf denen sie ihr Vieh hütete, lagen auf der anderen Seite der Reuß, und wenn der Hirte seine Geliebte besuchen wollte, mußte er stets zweimal den wilden Fluß überqueren, um zu ihr und später wieder zurück zu seiner Herde zu gelangen. An einem Tag im Frühjahr, zur Zeit der Schneeschmelze, war die Reuß wieder einmal besonders hoch angeschwollen, und so oft der Hirte es auch versuchte, schien es unmöglich, hinüber zu gelangen. Da rief er zornig und verzweifelt aus: „Ich wollte, der Teufel käme und baute eine Brücke über das verfluchte Wasser!"

Im gleichen Augenblick tauchte auch schon der Satan hinter einem Felsklotz auf und fragte: „Was gibst du mir, wenn ich dir die Brücke baue?"

„Sag', was du dafür von mir haben willst!" antwortete der Hirt. Da forderte der Teufel die erste lebendige Seele, die über die Brücke gehe, denn er sagte sich, daß es niemand eiliger habe, hinüberzukom= men, als der Hirt selbst. Der aber war damit einverstanden und versprach dem Teufel den gewünschten Lohn.

Der Satan rief daraufhin eine große Schar von Höllengeistern herbei, welche tatsächlich die Brücke in ganz kurzer Zeit bauten, und als sie fertig war, setzte er sich mitten darauf und lauerte dort auf den jungen Hirten.

Er mußte aber ziemlich lange warten, denn der junge Mann war inzwischen hoch hinauf ins Gotthardgebirge geklettert, wo er in den Felsen unterm Hospital eine Gemse auftrieb. Die jagte er nun immer vor sich her, der Reuß zu, bis zu der neuen Brücke, über die sie in flinken Sprüngen hinübersetzte. Der Teufel aber geriet außer sich vor Zorn über diese List, ergriff das arme Tier, fuhr mit ihm hoch in die Lüfte und zerriß es in Stücke.

Der schlaue Hirte lachte hinter ihm drein und konnte von nun an täglich ohne Schwierigkeiten seine Geliebte aufsuchen. Die Brücke aber heißt seitdem die Teufelsbrücke. Doch soll es auf ihr nicht ganz geheuer sein. Auch versucht sich der Teufel wenigstens etwas zu rächen, indem er jedes Jahr ein Stück von der Brücke wegreißt, die deshalb ständig ausgebessert werden muß.

DREISAM

Die Stadt im Titisee

Im südlichen Schwarzwald, wo heute der Titisee inmitten von Bergen und hohen Tannen liegt, stand in alten Zeiten eine reiche, blühende Stadt mit einem großen Kloster. Aber der Wohlstand machte ihre Bewohner mit der Zeit träge, hochmütig und verschwenderisch. Selbst Weißbrot erschien ihnen noch zu gering, um es selber zu essen: Sie fütterten mit den Krumen ihr Vieh und gingen in der Kruste wie in Schuhen spazieren. Auch die Mönche teilten dieses üppige Leben und hatten schließlich das Gelübde der Armut, das sie einst ablegten, ganz vergessen.

Gott aber strafte die Stadt für ihr sündhaftes Leben: Eines Nachts ging ein großer Regen über den umliegenden Schwarzwaldbergen nieder. Das Wasser sammelte sich in dem Becken, in dem die Stadt lag. Von allen Seiten strömte es zusammen und bildete einen tiefen See, in dem sie für alle Zeiten versank. Der See heißt der Titisee, und an ganz klaren, hellen Tagen kann man die Spitzen des Klosterturmes noch auf seinem Grund sehen, wenn man mit einem Boot genau darüber steht.

Es heißt, daß die Geister der ertrunkenen Bewohner von Zeit zu Zeit versuchten, sich zu befreien, indem sie den Titisee zum Abfließen bringen. Eines Tages wäre es ihnen beinahe gelungen. Sie hatten einen unterirdischen Abfluß gegraben, der an der Schanze bei Höllsteig zutage kam. In einem starken Strahl strömte das Seewasser hinunter ins Höllental. In der folgenden Nacht aber stieg eine alte Frau, die noch niemand vorher in der Gegend gesehen hatte, hinauf

zur Schanze, murmelte geheimnisvolle Worte und verstopfte die Öff= nung mit ihrer weißen Haube. Nur ein ganz dünnes Rinnsal sickert seitdem noch dort aus dem Boden. Es löst in jedem Jahr einen einzi= gen Faden aus der Haube der alten Frau. Doch wenn es den letzten davongespült hat, wird das Wasser des Titisees dort in einem mäch= tigen Strom herausbrechen, der das Höllental hinunterstürzt und das ganze Dreisamtal überschwemmt.
Ein wohlhabender Bürger Freiburgs, dem das Wohl seiner Heimat= stadt sehr am Herzen lag, soll bei seinem Tod sein ganzes Vermögen dafür bestimmt haben, daß täglich im Freiburger Münster eine stille Messe gelesen wird, um dieses schreckliche Unglück zu verhüten.

NECKAR

Das Holmännle

Fährleute haben in früheren Zeiten oft die merkwürdigsten Abenteuer erlebt, vor allem nachts, wenn die gewöhnlichen Menschen, die sonst ihr Boot zur Überfahrt benutzten, längst schliefen und der Fluß einsam und wie ausgestorben schien. Auch vom Neckar berichtet die Sage eine seltsame Geschichte.

Damals gab es bei Hessigheim noch keine Brücke hinüber nach Großingersheim. Die Leute waren auf den Fährmann angewiesen, der dort bei der Furt sein Boot hatte und sein Haus.

Eines Abends saß er gerade mit seiner Familie beim Essen und freute sich, daß sein Tagewerk beendet war, denn er hatte viel zu tun gehabt. Da hörte er auf einmal vom anderen Ufer den Ruf: „Hol! Hol!"

Er wunderte sich darüber, denn er war es gewöhnt, daß die Hessigheimer und Großingersheimer stets „Hol über! Hol über!" riefen. Als der Ruf aber ein zweites und gleich darauf ein drittes Mal ertönte, zog er seinen Mantel an, nahm die Laterne und ging zu seinem Boot. Während der ganzen Zeit klang es „Hol! — Hol! — Hol!— Hol!" von drüben.

„Ja, ich komme schon!" rief er ärgerlich und ruderte hinüber.

Am gegenüberliegenden Ufer stand ein winziges Männchen, das aufgeregt hin und her trippelte und es gar nicht erwarten konnte, in die Fähre zu steigen. Mit einem Blick erkannte es der Fährmann: Es war das Holmännle, von dem er schon allerhand Unheimliches gehört hatte.

Aber was sollte er tun? Der Kleine sprang in sein Boot, sobald es das

Ufer erreichte und setzte sich schweigend ihm gegenüber. Der Fährmann, der das Abenteuer so schnell wie möglich hinter sich bringen wollte, ruderte nach Leibeskräften. Aber mit jedem Ruderschlag wurde sein Boot schwerer und rückte immer langsamer von der Stelle. Als sie in der Mitte des Neckars angekommen waren, lag es bereits so tief im Wasser, daß der Fährmann glaubte, sie würden jeden Augenblick untergehen. Doch da war das Männchen plötzlich verschwunden — wie verschluckt von der Dunkelheit. Wo es aber gesessen hatte, lag ein Kreuzer, der wie ein Stern leuchtete. Vorsichtig hob ihn der Fährmann auf und steckte ihn in die Tasche.

Zu Hause wieder angekommen, erzählte er den Seinen, daß er soeben das Holmännle übergesetzt habe, von dem sie alle schon so viel gehört hatten. Dann langte er in die Tasche, um den Kreuzer hervorzuholen. Der aber hatte sich zu seiner Überraschung in ein großes, glänzendes Goldstück verwandelt. Aber das war noch nicht alles: Auch die Kreuzer, die er vorher schon in der Tasche gehabt hatte, waren zu Goldstücken geworden!

Von diesem Tag an hatten der Fährmann und seine Frau keine Sorgen mehr. Zwar hörte er noch oft abends oder in der Nacht den Ruf „Hol! Hol!" vom anderen Ufer. Aber da er nicht wußte, ob das Abenteuer wieder so glücklich verlaufen würde und die Sache ihm doch recht unheimlich war, nahm er das Holmännle nie wieder in seine Fähre.

Der Hokemann

In früheren Zeiten, als der Neckar noch nicht durch Stauwerke und Kanäle schiffbar gemacht worden war, konnte er nur mit Booten und Holzflößen befahren werden. Um ihre Fahrzeuge vom Land abzustoßen, sie schneller vorwärts zu staken oder Nachen und andere Flöße heranzuholen, benutzten die Flößer lange Holzstangen, die am einen Ende mit einem Eisenspieß, am anderen mit einem eisernen Haken versehen waren: dem „Hok". Es war ein gefährliches Hand=

werk in einem so wilden Gewässer, wie es damals der Neckar war, und viele Flößer fanden dabei den Tod in den Wellen.
Das aber hatte seinen besonderen Grund. Im Neckar gab es einen wilden Wassermann, der ständig flußauf, flußab unterwegs war, um auf Menschen zu lauern, die er hinab in sein dunkles Reich zog. Die Flößer nannten ihn den Hokemann. Denn sobald einer von ihnen seine Stange mit dem Haken ins Wasser führte, spürte er, wie eine unheimliche Gewalt daran zu ziehen und zu zerren begann. Mit aller Kraft mußte der Flößer sich dagegen stemmen und die Stange festzuhalten versuchen. Wehe, wenn er einen Augenblick nachgab! Dann verlor er unweigerlich das Gleichgewicht und stürzte hinunter in den Fluß. Nie wurde einer der Ertrunkenen wiedergefunden. Die Leute am Neckar sagten dann: Der Hokemann hat ihn geholt!

BRENZ

Die spitzen Jungfern

Wo die Brenz in einer großen Schleife um den Buigen durchs Gebirge fließt, stehen die Ruinen der Eselsburg. Unten im Tal aber, am Fluß=ufer, sieht man zwei seltsam geformte Felsen dicht nebeneinander: spitz wie Nadeln ragen sie in die Luft. Sie heißen die „spitzen Jung=fern" und sollen zwei versteinerte Mädchen sein, die zur Strafe für ihre Untugend hier bis in alle Ewigkeit stehen müssen.

Als die Eselsburg noch stolz und fest auf der Höhe stand, dienten dort zwei Mägde. Da sie hübsch, lustig und fleißig waren, fanden sie unter den Reitknechten des Burgherrn schnell zwei Bewerber, denen sie das Jawort gaben. Der Burgherr und seine Gemahlin waren mit der Verbindung einverstanden, und so wurde die Hochzeit der beiden Paare vorbereitet. Die Leute wunderten sich nur, daß die beiden Bräute so gar keine Eile hatten, unter die Haube zu kommen, während ihre Verlobten doch den Hochzeitstag kaum erwarten konnten. Denn eigentlich ist es sonst oft umgekehrt. Niemand ahnte den wahren Grund.

Die beiden Mädchen wurden von ihrer Herrin jeden Abend hinunter zur Brenz geschickt, um in zwei großen Krügen Wasser zu holen. Dort aber hatten sich vor einiger Zeit zwei Wassermänner an sie herangemacht. Die sahen zwar recht scheußlich aus mit ihrem grünen Haar, ihren Schwimmflossen und struppigen Bärten, aber sie taten den Mädchen mit allen möglichen Redensarten schön und brachten ihnen viele Kostbarkeiten aus den Tiefen ihres Reiches. Sie schenkten ihnen Armbänder, Ringe, Ketten und glitzernde Steine und verspra=

chen ihnen immer neue Schätze, wenn sie nur jeden Abend zu ihnen kämen. Die beiden törichten Mädchen wurden ganz verwirrt davon und zählten jeden Tag die Stunden bis zur Abenddämmerung, in der sie wieder hinunter zur Brenz eilen konnten.

Da sie jeden Abend länger ausblieben, fiel es schließlich ihrer Herrin auf. Die war eine kluge Frau und sagte sich, daß sie auf eine Frage doch nur eine Lüge zur Antwort bekäme. Deshalb nahm sie eines Abends, als die Mädchen wieder kichernd und wispernd davongeeilt waren, einen dunklen Mantel um die Schultern und schlich ihnen nach. Sie hörte, wie die Mädchen einen seltsamen Lockruf ausstießen, sah, wie die Fluten der Brenz sich teilten, wie zwei häßliche Wasser=männer emportauchten, zum Ufer kamen, mit ihnen schäkerten und jeder einen Ring an den Finger steckten. Da trat sie, außer sich vor Zorn, aus ihrem Versteck hervor und rief: „Ihr leichsinnigen, treu=losen Geschöpfe, ich wünschte, ihr würdet zur Strafe zu Stein!"
Sie war selbst erschrocken, als ihr Wunsch im gleichen Augenblick in Erfüllung ging: Zwei spitze Felsen ragten vor ihr an der Stelle empor, wo soeben noch ihre beiden Mägde gestanden hatten. Aus der Brenz aber erklang das boshafte, meckernde Gelächter der beiden greulichen Wassermänner.
Die Eselsburg ist längst zerfallen, aber die beiden „spitzen Jungfern" stehen heute noch.

MURG

Schwarzkopf und Seeburg

Wo das Murgtal wie eine tiefe Schlucht die Schwarzwaldberge trennt, stehen die Ruinen der ehemaligen Festen Schwarzkopf und Seeburg einander gegenüber Dort hat sich vor langer, langer Zeit etwas Schreckliches ereignet:

Auf der Seeburg lebten zwölf Brüder. Sie waren Raubgrafen, und ihre einzige Schwester, ein schönes, sanftes Mädchen, sorgte für sie. Die Burg Schwarzkopf aber, auf der gegenüberliegenden Seite, wurde bewohnt von einem edlen Ritter und seinen zwölf Schwestern.

Schon lange beobachteten die wüsten Burggrafen die jungen Mädchen von der benachbarten Burg, und in einer stürmischen Herbstnacht schlichen sie hinüber und entführten die Jungfrauen. Der Graf von Schwarzkopf aber rächte sich und holte, noch ehe die Räuber zurückgekehrt waren, ihre einzige Schwester hinüber in sein Schloß. Doch als er sie dort zum ersten Mal aufmerksamer betrachtete und mit ihr sprach, erkannte er die Sanftmut und Güte ihres Wesens und liebte sie von dieser Stunde an.

Bald darauf entstand drunten im Murgtal ein wilder Kampf zwischen den feindlichen Nachbarn, in dem die Seeburger, die in der Überzahl waren, siegten. Sie führten den unglücklichen Grafen von Schwarzkopf und seine Geliebte, ihre eigene Schwester, hinauf zur Seeburg, wo ihm jeder der Zwölf vor den Augen des verzweifelten Mädchens seinen Dolch in die Brust stieß.

In all den Jahren, die das junge Mädchen bei ihren wilden Brüdern lebte, hatte sie durch Bitten und Vorstellungen immer wieder vergeb=

lich versucht, sie zu einem besseren Lebenswandel zu bewegen. Nun erkannte sie die Bösartigkeit ihres Herzens und hatte keinen anderen Wunsch, als den Geliebten zu rächen. Heimlich ging sie in der Nacht zu den Kammern der gefangenen Schwestern und befreite sie. Die aber zogen die zwölf Dolche aus der Brust ihres ermordeten Bruders und töteten die Seeburger Raubgrafen. Dann flüchteten alle dreizehn in den Schwarzwald. Die Mädchen kamen jedoch nicht allzu weit, denn die Seeburger Knechte entdeckten schnell den Tod ihrer Herren und folgten ihnen. Am Mummelsee, zu Füßen der Hornisgrinde, hol=ten sie die Flüchtenden ein, töteten sie und warfen ihre Leichen in das tiefe Wasser, von dem die Sage erzählt, daß es keinen Grund habe.

Seit dieser Mordnacht soll es auf der Seeburg spuken. Abends um die Dämmerstunde treten zu einem Pförtchen in der Burgmauer dreizehn Stück Rotwild und flüchten durch das entgegengesetzte Burgtor. Auch der sicherste Schütze kann von diesen Tieren immer nur eins, nämlich das größte und stärkste erlegen. Die anderen Kugeln gehen unweiger=lich fehl oder treffen die Hunde. Sechsmal in der Woche kommen sie, immer um die gleiche Zeit, nur der Freitag ist ausgenommen. Er heißt seitdem Jäger=Sabbath, und niemand, der in der Gegend Bescheid weiß, betritt an ihm jemals die Seeburg.

Denn statt der Tiere treten um Mitternacht zwölf Nonnen durch die kleine Waldpforte. Sie tragen einen blutüberströmten Mann, in des=sen Brust zwölf Dolche stecken. Gegenüber aus dem Burgtor aber kommen ihnen zwölf schwarze Männer entgegen, und jeder von ihnen hat einen Dolch in der Brust. In ihrer Mitte schleicht gebückt eine weibliche Gestalt. Schweigend ziehen die beiden Gruppen anein=ander vorüber, jede verschwindet durch die entgegengesetzte Pforte. Wer sie aber sieht, so wird behauptet, muß noch in der gleichen Nacht sterben.

MAIN

Der wilde Mann vom Main

Schon früher war es so, daß die großen Frachtschiffe, die den Main und den Rhein hinunter bis Rotterdam fahren, auf dem Hin= oder Rückweg ab und zu Reisende mitnahmen, die es nicht sehr eilig hatten und die gemächliche Schiffahrt der anstrengenden Reise mit Pferd oder Wagen vorzogen.

Auch eine Frau aus Aschaffenburg fuhr einst auf diese Weise von Lohr, wo sie Verwandte besucht hatte, zurück nach ihrer Heimatstadt. Das Schiff hatte sich etwas verspätet, und als sie noch ein ganzes Stück von Nilkheim entfernt waren, wo sie eigentlich für die Nacht vor Anker gehen wollten, brach die Dämmerung herein. Die Schiffer beschlossen also, bereits hier den Anker zu werfen, nur wunderte sich die Frau, daß sie so lange über die richtige Stelle berieten. Als sie sie deshalb fragte, antwortete der eine ausweichend: „Hier an dieser Stelle soll es nicht recht geheuer sein. Wir haben deshalb beschlossen, nicht am Ufer festzumachen, sondern so weit wie möglich mitten im Strom zu bleiben."

Mehr war aus den Männern nicht herauszubekommen.

Die Frau dachte nicht länger über diese merkwürdige Rede nach, sondern legte sich früh in ihrer Kajüte, die im vorderen Teil des Schiffes lag, zur Ruhe. Die Kajüte der Schiffer befand sich am Heck.

Kurz vor Mitternacht erwachte sie davon, daß das Schiff dröhnte, als ob man eine Riesenlast darauf geworfen habe und wild zu schwanken begann. Sie hörte die laute, brüllende Stimme eines fremden Mannes, der an Bord gesprungen sein mußte und mit großen Schritten übers

Deck lief bis zu ihrer Tür, an der er wild zu rütteln begann. Verzweifelt rief die Frau um Hilfe, doch als die Tür gerade zu splittern und nachzugeben begann, schlug es Mitternacht. Da verstummte der Lärm plötzlich. Durch die Luke sah sie, wie ein riesengroßer schwarzer Mann mit einem mächtigen Satz vom Schiff sprang, das dabei fast kenterte, und gerade das andere Ufer erreichte. Man hörte noch den schweren Aufsprung, einen unheimlichen Schrei, dann war das Ungeheuer verschwunden.

Noch ganz blaß vor Angst lief sie an Deck zu den Schiffern, die nicht weniger erschrocken waren als sie. An Schlafen war in dieser aufregenden Nacht natürlich nicht mehr zu denken. Dafür erzählten ihr die Leute, was sie über den wilden Mann vom Main wußten:

Das Gespenst sei bekannt und gefürchtet in der ganzen Gegend. Nur ungern und wenn die Dunkelheit sie an der Weiterfahrt hindere, gingen Schiffe an dieser Stelle vor Anker. Manche Leute hielten die Riesengestalt für den wilden Jäger, der hier allnächtlich das andere Ufer zu erreichen versuche. Andere aber wollten es besser wissen. Sie behaupteten, das Ungeheuer sei der ruhelose Geist eines bösen Köhlers, der oberhalb von Nilkheim in einem Wald am Mainufer seine Hütte bewohnte. Doch statt zu arbeiten, verbrachte er seine Zeit mit Wein und Würfelspiel in schlechter Gesellschaft, und keine Frau hatte Ruhe vor ihm. Vor allem hatte er es auf die schöne Tochter des Fährmanns vom gegenüberliegenden Ufer abgesehen, die ihn jedoch keines Blickes würdigte. Da beschloß er, sich das Mädchen mit Gewalt zu holen.

In einer dunklen Nacht, in der die Schöne ganz allein zu Hause war, schwamm er durch den Main hinüber und raubte sie. Seitdem waren beide spurlos verschwunden. Als aber der Vater des Mädchens zurückkam und seine Tochter nicht mehr vorfand, bat er verzweifelnd Gott, den Übeltäter in alle Ewigkeit zu strafen. Nun glauben die Leute, daß er nach seinem Tod keine Ruhe fand und allnächtlich versuchen muß, schwimmend oder über ein Schiff springend das andere Mainufer zu erreichen.

Das Würzburger Teufelsloch

In sehr alten Zeiten führte bei Würzburg eine Brücke über den Main, die den Flußgöttern ein Dorn im Auge war. Wassermänner und Nixen sehen es nicht gern, wenn die Menschen in ihren Machtbereich eindringen und das Wasser durch Dämme, Brücken, Kanäle bändigen und schiffbar machen.
Deshalb rief Haurich, der Wasserfürst des Maines, alle seine Untertanen zum Kampf auf. In einer stürmischen Frühlingsnacht ließen sie den Fluß zu einem furchtbaren Hochwasser anschwellen, das die Würzburger Brücke in tausend Teile brach und davonschwemmte.
In der Stadt verbreitete sich darüber ein großer Schrecken. Die Zaghaften unter den Bürgern meinten, daß es besser sei, die Flußgeister nicht noch mehr zu reizen und zukünftig lieber mit Booten und Fähre von einem Ufer zum anderen zu fahren. Aber die Beherzteren standen auf der Seite des Fürstbischofs, der den Bau einer neuen Brücke befohlen hatte, die noch größer und standhafter sein sollte als die alte. Auf den Rat der Priester hin beschloß man jedoch, vorher die Steine zu weihen, die beim Bau verwendet werden sollten, damit der Teufel keine Macht darüber habe.
Nun sind die Flußgötter keine Höllengeister und können deshalb auch nicht mit Segen und Weihwasser vertrieben werden. Unter ihnen gibt es viele, die den Menschen freundlich gesonnen sind und ihnen helfen, wo es in ihren Kräften steht. Nur ihr Wasserreich versuchen sie mit allen Mitteln zu verteidigen, und was die Würzburger Brücke betraf, so wollten sie die eben einfach nicht haben.
Als sie erfuhren, daß die Brücke noch viel stärker gebaut werden sollte als vorher, kamen sie wiederum zur Beratung zusammen.
„Wir wollen den Main durch Hochwasser so reißend machen, daß sie mit dem Bau gar nicht erst anfangen können!“ schlug ein besonders großer und kräftiger Wassermann vor.
Aber Fürst Haurich schüttelte den Kopf: „Das geht doch nur eine Zeitlang, woher willst du denn im Sommer bloß das viele Wasser nehmen?“

„Ich weiß einen viel besseren Rat!" rief eine junge Nixe. „Wir Nixen werden alle Männer, die an der Brücke bauen, mit unseren Liedern betören und in den Main hinabziehen. Dann wird die Brücke niemals fertig."

Dieser Plan wiederum erschien den Wassermännern nicht sicher. „Nicht jeder fällt euren Verlockungen zum Opfer, wir haben das schon öfter erlebt. Wenn sie erst mal merken, was ihr vorhabt, werden manche vielleicht ihre Frauen bitten, sich am Ufer aufzuhalten, während sie arbeiten, und was wollt ihr dann machen?"

Das leuchtete auch den Nixen ein, und sie saßen ganz still und bekümmert da.

Nun ergriff Wasserfürst Haurich wieder das Wort. „Ich fürchte", sprach er und seufzte schwer dazu, „diesmal wird uns nichts anderes übrigbleiben, als uns mit dem Teufel zu verbünden. Sie haben zwar die Steine geweiht, und nun kann er allein den Bau nicht verhindern, aber mit vereinten Kräften werden wir es vielleicht fertigbringen."

Alle waren überzeugt, daß er recht hatte, und so wurde der Teufel herbeigeholt.

Der ließ auch nicht lange auf sich warten und schlug gleich vor, daß er sich mit dem Baumeister in Verbindung setzen wolle. „Die Menschen sind eitel, ehrgeizig und ruhmsüchtig, und ich kann jedem geben, was er sich wünscht. Auch ein Brückenbauer wird sich darin nicht von anderen Leuten unterscheiden." So sprach der Höllenfürst und lächelte dazu wahrhaft teuflisch.

Noch in der gleichen Nacht erschien er dem Baumeister, einem großen Mann in seinem Fach, den die Würzburger mit der Ausführung des Planes beauftragt hatten. Der Teufel bot ihm alle Herrlichkeit der Welt, wenn er sich mit ihm verbände, doch diesmal hatte er kein Glück: Der Baumeister war ein ehrlicher und gottesfürchtiger Mann und schickte den Teufel, wohin er gehörte, nämlich in die Hölle.

Immerhin gelang es den vereinigten Wasser- und Höllengeistern, die Entstehung der Brücke immer wieder durch tausend Schwierigkeiten zu hemmen und zu hindern. Der Baumeister starb darüber, und es vergingen über hundert Jahre, ehe das Bauwerk endlich eingeweiht

werden konnte. Stolz und fest spannten sich seine Bogen weit über den Main.
Der Teufel aber und die Flußgötter unternahmen nun einen letzten Versuch, die Fundamente der Brücke zu untergraben. An einem der mittleren Pfeiler begann der Teufel ein tiefes Loch in den Grund zu wühlen. Die Würzburger ahnten nichts von dieser Gefahr, denn an der Wasseroberfläche war nichts zu sehen. Doch in einer der folgenden Nächte erschien dem Fürstbischof der heilige Nepomuk im Traum und warnte ihn vor den Plänen des Teufels. Gleich am nächsten Morgen beauftragte der geistliche Herr einen Meister, das Bild des Heiligen unterhalb der Brücke, direkt über dem Teufelsloch in Stein zu hauen. Von dort blickt es nun hinab auf die gefährliche Stelle, und jedesmal, wenn der Teufel seine Wühlarbeit wieder aufnehmen will, sieht er über sich den heiligen Nepomuk und fährt schleunigst davon. Die Schiffer und Flößer aber fürchten das „Loch", wie es einfach genannt wird, denn es soll grundlos sein und hat einen gefährlichen Strudel. Deshalb fahren sie nie vorbei, ohne den heiligen Nepomuk anzurufen, und der sorgt dafür, daß ihnen nichts zustößt.

Die grausige Überfahrt

An der Stelle, wo man früher über den Main auf den Weg nach Kloster Banz übersetzte, hat einmal ein Fährmann gewohnt. Aber er ging seiner Arbeit nicht, wie es andere Fährleute meistens tun, bis ins hohe Alter nach, sondern setzte sich mit 51 Jahren eines Tages plötzlich zur Ruhe. Die Leute wunderten sich sehr darüber, und einigen, die ihn danach fragten, hat er mit trauriger Miene seine Geschichte erzählt:
Alle, die mich kennen, wissen, daß ich ein guter Fährmann war und meine Arbeit gern bis an mein Lebensende weitergetan hätte. Aber eines Tages ist mir etwas passiert, das mich beinahe das Leben und die ewige Seligkeit gekostet hätte. Seitdem rühre ich kein Ruder mehr an und steige in kein Boot.
Ich wohnte mit meiner Frau ein paar Stunden mainaufwärts an einer

Stelle, die am Tag sehr oft zur Überfahrt benutzt wurde. Nachts aber war es meistens ruhig. Nach einem arbeitsreichen Tag waren wir früh zu Bett gegangen und hatten schon mehrere Stunden geschlafen, als ich von einem lauten Rufen aufwachte. Deutlich hörte ich vom anderen Ufer her: „Hol über, Fährmann, hol über!" Ärgerlich drehte ich mich auf die andere Seite und versuchte weiterzuschlafen. Aber nach ein paar Minuten klang es schon wieder von drüben, nur noch lauter und dringlicher: „Hol über! Hol über!"

„Du must aufstehen!" sagte meine Frau. „Vielleicht ist jemand in Not oder sie wollen einen Arzt zu einem Kranken holen."

Da blieb mir nichts anderes übrig. Ich zog mich an, machte das Boot los und ruderte hinüber zum anderen Ufer. Es war eine schlimme Nacht, stürmisch und so dunkel, daß man kaum die Hand vor den Augen sah. Meine Laterne leuchtete gerade ein paar Meter weit, und als ich drüben ankam, verlöschte sie auf einmal, als ob ein Geist sie ausgeblasen hätte. Jetzt sah ich gar nichts mehr.

Ich rief: „Hallo, ist wer da?" Aber niemand antwortete. Und als ich Feuerzeug und Zunder aus meiner Tasche nahm und versuchte, wieder Licht zu machen, fiel mir mit einem Mal alles aus der Hand ins Wasser und schwamm den Main hinunter davon.

Mich packte eine fürchterliche Wut und ich begann gotteslästerlich zu fluchen. Aber gerade als ich das Steuer herumwerfen und wieder zurückrudern wollte, sagte aus dem Dunkeln eine tiefe Stimme: „Bist du fahrbereit, Fährmann? Wir sind vier Jäger und haben Wild in unseren Säcken."

Gleichzeitig kam alles in mein Boot und mir an den Kopf geflogen: Taschen und Säcke und Flinten. Hinterher sprangen unter wüstem Gelächter die vier schwarzen Kerle, die ich aber in der Dunkelheit kaum sehen konnte.

Wie besessen ruderte ich zurück. Zu meiner Erleichterung hatte meine Frau drüben Licht gemacht, und weil ich solche Angst vor meinen unheimlichen Fahrgästen hatte, sagte ich ihnen bei der Ankunft, daß ich keinen Lohn haben wolle und sie sich nur davonmachen sollten. Die aber lachten nur laut und kamen mit ins Haus. Da sah ich

sie dann: Greulich schauten sie aus, die reinen Teufel. Der eine zog ein Pergament aus der Tasche und legte es auf den Tisch: „Da, unterschreibt!" sagte er zu mir und meiner Frau. „Du hier, und du da!"
Mir fiel vor lauter Schreck gar nichts ein, und ich hätte dem Kerl bestimmt seinen Willen getan, wenn meine Frau nicht blitzschnell ihr Gebetbuch aufgeschlagen und gerufen hätte:

„Oh Gott, vertreib die bösen Geister!
Nimm du dem Teufel alle Macht,
Sei du allein nur Meister!"

Da begann der eine von den Vieren schauerlich zu schreien und zu fluchen und fuhr mit seinen Spießgesellen zum Fenster hinaus. Noch tagelang roch es im Haus nach Rauch und Schwefel. Das Pergament, auf dem wir zwei ihnen unsere Seelen verschreiben sollten, ließen sie auf dem Tisch liegen.
Meine Frau betete die ganze Nacht, ich aber fiel sofort in einen totenähnlichen Schlaf.
Als ich am nächsten Morgen aufwachte, ging ich gleich hinaus ans Ufer, um nach meinem Boot zu sehen. Es war festgemacht am Steg, und wie ich näher kam, sah ich meinen Gehilfen mit gebrochenem Genick darinliegen. Zitternd kniete ich nieder, um zu beten, als ein Jäger mit Pferdefuß, Schlapphut und einer feuerroten Feder drauf aus dem Gebüsch trat und vier funkelnagelneue Golddukaten vor meine Füße warf. „Das ist dein Lohn für die Überfahrt gestern abend!" sagte er dazu. Als ich mich stumm bekreuzte, ging er mit höhnischem Lachen davon.
Nachdem ich mich von meinem Schreck etwas erholt hatte, lief ich gleich, um unsern Herrn Kaplan zu holen. Der kam auch, aber als er die Dukaten für die Kirche mitnehmen und sie aufheben wollte, waren sie glühendheiß und er verbrannte sich die Hand daran. Der Abdruck der Dukaten ist noch heute in den Stein eingebrannt, auf dem sie lagen.
Für mich war das meine letzte Überfahrt. Ich zog mit meiner Frau weg von dem schrecklichen Ort und will nie mehr dahin zurückkehren.

LAHN

Der Flußgott in der Lahn

Einmal im Jahr, so berichtet die Sage, fordert der Flußgott der Lahn ein Menschenopfer. Die Müller und Bleicher, die am Ufer bei Gießen ihrer Arbeit nachgehen, wissen es genau. Denn jedesmal in der Johannisnacht zwischen elf und zwölf Uhr beginnt der Fluß gewaltig zu rauschen und hohe Wellen zu schlagen. Dann tönt ein lauter Ruf aus dem Wasser:

Die Zeit ist da!
Die Stund ist da!
Wär der Mensch da!

Die Leute hören es mit Grauen, denn sie wissen, daß der Nächste, der sich aufs Wasser wagt, ertrinken muß. Niemand und nichts kann ihm helfen, weder Vorsicht noch Gebet. Denn vor uralten Zeiten, als die Bewohner des Lahntales noch Heiden waren, versprachen sie dem Flußgott dieses Menschenopfer für alle Zeiten, wenn er dafür ihre Siedlungen stehen ließe und nicht alljährlich durch Hochwasser vernichtete. Der Lahngott aber besteht auf diesem alten Recht und läßt es sich nicht rauben.

Doch die Menschen haben in der Lahn auch eine treue Helferin: Es ist die Lahnnixe, die jüngste Tochter des bösen Flußgottes. Man sieht daran, daß nicht alle Nixen falsch sind und die Menschen zu verderben trachten.

Bele, so heißt die Lahnnixe, ist die Lieblingstochter des Flußgottes. Schon immer war sie traurig darüber, daß ihr Vater nicht auf die

Menschenopfer verzichten wollte und versuchte vergeblich, ihn milder zu stimmen, zumal er sich oft mit einem Menschen nicht begnügte, sondern mehrere im Jahr haben wollte. Als sie mit ihren Bitten und Vorstellungen nicht nachließ, erlaubte er ihr endlich, die Schiffer und Uferbewohner vor Gefahr zu warnen, wenn sie ihm nur das eine Opfer ließe, auf dem er alljährlich bestand.

Bele war glücklich über diese Zusage, und die Menschen sollten bald merken, daß sie es ernst meinte mit ihrem Vorhaben.

Zum ersten Mal sah man sie am 13. Oktober 1615 in Marburg bei der Elisabethmühle. Da sie das Mißtrauen der Menschen gegen Nixen kannte, hatte sie sich in eine zierliche Schlange verwandelt, deren zarter Leib in allen Regenbogenfarben schillerte. Sie kam bis zur Haustür und nahm dankbar von der Müllerin eine Schale voll Milch. Der kleine Sohn der Frau spielte im Garten, und die Schlange ließ sich von ihm greifen und streicheln, ohne ihm etwas zu tun. Plötzlich aber lief das Kind davon und hinunter ans Wasser, um eine Blume zu pflücken, die dicht am Ufer blühte. Bele hörte, wie das Wasser bedrohlich zu rauschen begann und wußte sofort, daß der Flußgott ein neues Opfer erwartete.

Da bäumte sie sich auf und begann so laut zu zischen, daß die Müllerin erschrocken herbeilief, um zu sehen, was da los sei. Sie kam gerade noch rechtzeitig, um ihr Kind vom Wasser zurückzuziehen, in das es sonst gestürzt wäre. Bele wiegte zufrieden ihr Schlangenhaupt ein paarmal hin und her und tauchte in die Lahn, ehe die glückliche Frau sich bei ihr bedanken konnte.

Noch oft hat sie in Schlangen- und später auch in ihrer richtigen Nixengestalt Menschen vom Tode des Ertrinkens gerettet und so vieles von dem wieder gutgemacht, was ihr wilder Vater Böses tat.

Einmal aber wäre sie dabei tatsächlich fast ums Leben gekommen. Man weiß zwar, daß Wassergeister in ihrem Element unsterblich sind, aber wenn sie sich daraus zu weit entfernen und niemand ihnen zurückhilft, können sie sterben wie ein Mensch.

An einem schönen Sommermorgen saß Bele auf einem Stein nahe beim Lahnufer und ließ ihr grünes Nixenhaar von der Sonne trocknen.

Sie fühlte sich so wohl, daß sie für eine Weile ganz vergaß, weshalb sie täglich flußauf, flußab unterwegs war. Plötzlich aber wurde sie durch ein wildes Poltern, das schnell näherkam, und das Getrappel galoppierender Pferde aus ihren Träumen geschreckt. Auf der Straße, die dicht hinter ihr an der Lahn entlangführte, raste ein mit vier Pferden bespannter Wagen im Zickzack daher. Die Menschen, die darin saßen, schrien vor Angst, denn die Pferde scheuten und zogen mit einem Mal das Gefährt hinter sich aufs Wasser zu, das bereits wieder unheimlich zu rauschen begann.

Mit einer schnellen Bewegung ihres Fischschwanzes schnellte Bele an den Straßenrand, direkt vor die durchgehenden Pferde. Die erschraken über ihren Anblick so, daß sie einen Augenblick einhielten und der Kutscher wieder Gewalt über sie bekam. Ein Huf traf Bele in die Seite und schleuderte sie mitten auf die Straße. Ehe sie ohnmächtig wurde, sah sie noch den Wagen schnurgerade und in schneller Fahrt davonrollen.

Als sie wieder zu sich kam, brannte die Mittagssonne vom Himmel direkt auf sie herab. Sie fühlte sich gänzlich ausgetrocknet und hatte nicht mehr die Kraft, sich auch nur einen Zoll von der Stelle zu bewegen. Da fielen ihr die Warnungen ihres Vaters, des Lahngottes ein. Schon immer hatte er ihr gesagt, daß die Menschen ein undankbares und selbstsüchtiges Geschlecht seien und ihr bestimmt nicht helfen würden, wenn sie einmal in Not geriete. Sie dachte an ihre Schwestern, mit denen sie so gern im grüngoldenen Wasser tanzte und begann leise zu weinen.

Auf einmal spürte sie, daß es ein bißchen kühler wurde: Der Schatten eines jungen Mannes fiel auf sie, der vor ihr stehengeblieben war. „Nanu, was liegt denn da?" rief er fröhlich und stieß leicht mit dem Fuß an ihre Schwanzflosse.

Bele hob mit großer Anstrengung den Kopf. „Ich bin die Lahnnixe," sagte sie matt. „Wenn du mir nicht ins Wasser hilfst, muß ich sterben."

Glücklicherweise stammte der junge Mann aus Wehrda und hatte schon viel von Bele gehört. Er zögerte keine Sekunde, sondern nahm

sie kurzentschlossen auf die Arme und lief mit ihr hinunter zum Wasser. Ehe er sie dem feuchten Element übergab, küßte er sie nur ganz schnell. „Zur Belohnung für mich!" sagte er dabei und lachte.
Kaum war Bele im Wasser, da fühlte sie ihre Kräfte zurückkehren. Sie winkte ihrem Retter dankbar zu und rief: „Aber ich will dich noch viel besser belohnen: Alle deine guten Wünsche sollen in Erfüllung gehen, solange du lebst!"
Die Lahnnixe hat Wort gehalten. Der junge Mann hatte wirklich sein ganzes Leben lang Glück.

MOSEL

Die Moselbrücke

Die Moselbrücke zu Koblenz wurde 1344 vom Erzbischof Balduin dem Großen aus dem Hause Luxemburg errichtet. Fest und unerschütterlich hielt sie durch die Jahrhunderte allen Hochwasserfluten und Eisgängen stand und bewahrte die Stadt oft vor schweren Katastrophen. Wenn auch heute ihre vielen gotischen Verzierungen, die Schnörkel, Vorsprünge und Türmchen verschwunden sind, so wird der stolze Bau von Fremden und Einheimischen doch immer noch bewundert.

Dieser Bau war für die damalige Zeit und bei den damaligen Hilfsmitteln ein kühnes Unternehmen. Meister und Handwerker wollten mehr als einmal die Arbeit niederlegen, wenn die auftretenden Schwierigkeiten unüberwindlich schienen, und auch der Erzbischof begann manchmal daran zu zweifeln, ob sein Werk überhaupt durchführbar sei. Besonders schwierig war die Anlage der Fundamente nach dem linken Moselufer hin. Denn die Göttin des Flusses war empört über den Einbruch in ihre jahrtausendealten Rechte und beauftragte ihre Hilfsgeister, die Gewölbe immer wieder fortzureißen und zu unterspülen.

So saß Balduin eines Abends mißmutig und schier verzweifelt auf seiner Burg. Gerade hatte ihm der Baumeister die Nachricht gebracht, daß durch ein unerwartetes Ansteigen des Wassers und heftige Strudelbildungen die Arbeiten der letzten Wochen zerstört seien und er nicht wisse, wie und wann er wieder beginnen könne. Finster starrte Balduin hinunter auf die tobenden Wellen und achtete nicht darauf,

daß inzwischen die Dämmerung herabsank. Im Geist begann er, die ganze Brücke neu zu planen und anzulegen, aber er konnte die Lösung nicht finden, um sie wahrhaft fest und widerstandsfähig zu bauen.
Da klopfte ihm plötzlich jemand leicht auf die Schulter. Er schrak auf und sah vor sich den Teufel stehen: mit Pferdefuß, Schweif, Hörnern und einem spöttischen Grinsen auf dem bösen Gesicht.
Balduin wollte das Kreuz schlagen, um den Spuk zu bannen, doch da legte der Satan die Hand auf seinen Arm: „Hört mich doch erst an, Herr Bischof, ehe Ihr mich vertreibt!" sagte er spöttisch. „Ich will Euch doch helfen! Schon seit Wochen beobachte ich Euren erfolglosen Kampf gegen meine hinterlistige Freundin, die Flußgöttin. Da ich finde, daß es ihr nichts schadet, wenn sie mal ausnahmsweise ihren Kopf nicht durchsetzt, habe ich beschlossen, Euch zu helfen."
„Mit dir lasse ich mich nicht ein!" erklärte der Erzbischof. „Ich bin überzeugt, daß du irgendeinen Hintergedanken mit deinem großzügigen Angebot verbindest."
Der Teufel zuckte ärgerlich die Schultern. „Glaubt mir doch nur ein einziges Mal, Herr Bischof!" erwiderte er. „Ich schätze Euch wirklich sehr. Warum soll ich nicht mal jemand helfen, den ich gern habe, da ich mich doch sonst nur mit dem Gesindel, vor dem der heilige Petrus die Himmelspforte verschließt, zu beschäftigen habe? Ich baue Euch ohne jede Bedingung die Brücke ganz allein fertig, so fest und unerschütterlich, daß sie Jahrtausende überstehen soll zu Eurem Ruhm und zur Ehre Eures Namens. Nicht mal die einzige Seele, die ich bei solchen Gefälligkeiten sonst zu fordern pflege, will ich dafür haben. Mein Lohn wird das schöne Gefühl sein, einem so hohen und edlen Mann wie Euch einen Dienst erwiesen und ihm zu unsterblichem Ruhm verholfen zu haben. Wandelt ruhig fort auf Eurem geraden Weg, ich werde Euch nie dabei stören!"
Der Teufel schwieg, und Erzbischof Balduin blickte nachdenklich hinunter auf den reißenden Fluß, aus dessen Wellen die geborstenen Grundmauern seiner stolzen Brücke ragten. Vor seinem geistigen Auge begann der Bau neu zu entstehen und sich zu vollenden. Türme krönten ihn, auf denen bunte Fahnen im Wind wehten, und die

Großen der Kirche und der Welt kamen von weither, um ihn zu bewundern und den Namen seines Erbauers zu preisen. Da aber erkannte er mit einem Mal die Versuchung des Teufels und rief: „Weiche von mir, Satan! Du sollst mich nicht verlocken können, und ich will nichts mit dir zu tun haben! Nur mit Gottes Hilfe werde ich den Bau vollenden, oder die Brücke soll nie entstehen."
Da verschwand der Teufel mit einem höhnischen Gelächter. Der Erzbischof aber ging erregt in seinem Zimmer auf und ab. Allmählich beruhigte er sich und dankte Gott, daß er ihm die Kraft gegeben hatte, den Verlockungen des Teufels zu widerstehen. In der Nacht aber hatte er einen wunderbaren Traum: Wieder sah er seinen stolzen Brückenbau vollendet, mit mächtigen Türmen über den starken Brustwehren, Pfeiler und Balustraden mit gotischen Verzierungen geschmückt. Auf der höchsten Zinne flatterte weithin sichtbar das erzbischöfliche Banner. Doch bemerkte er einen Unterschied zu seinem ursprünglichen Plan: Die Brückenpfeiler durchschnitten nicht in schnurgerader Linie den Fluß, sondern traten, vor allem nach der linken Seite hin, zurück. Dadurch verlief der Bau leicht gerundet. Diese neue Lösung riß den Erzbischof aus dem Schlaf: Er wußte mit einem Mal, wie die Brücke gebaut werden mußte!
Gleich am nächsten Morgen ließ er den Baumeister rufen und besprach mit ihm seinen Plan. Er wurde genau nach seinem Traum ausgeführt: Die Pfeiler wurden an den Stellen eingesenkt, die er bezeichnete, und standen dort unerschütterlich. Weder Flut noch Eisschollen brachten hinfort die Koblenzer Moselbrücke zum Wanken.

Der Ritter und die Moselnixe

Die Königin aller Wassergeister in der Mosel war sehr zornig darüber, daß ihre Bemühungen vergeblich gewesen waren, den Koblenzer Brückenbau zu verhindern. Sie betrachtete ihn als eine Verletzung ihrer uralten Rechte, und da sie keine Macht über einen so frommen Mann wie den Erzbischof Balduin hatte, beschloß sie, sich wenigstens an denen zu rächen, die seine Brücke benutzten.

Bald sprach es sich stromauf, stromab herum, daß es an der Rheinbrücke zu Koblenz nicht ganz geheuer sei. Einsame Wanderer hörten zu nächtlicher Stunde das meckernde Gelächter von Wassermännern aus der Tiefe, wenn sie die Brücke überschritten, und vor allem die jungen Männer der Stadt waren in Gefahr, welche die schöne Nixe mit Rufen und Winken hinunter ans Ufer lockte, um sie ins Wasser zu ziehen, wenn sie nicht auf der Hut waren.

Auch ein junger Ritter aus Koblenz wäre beinahe ihr Opfer geworden. Er war verlobt mit einem Burgfräulein, dessen väterliches Schloß weiter oben am gegenüberliegenden Moselufer stand. Da er seine Braut über alle Maßen liebte, verging fast kein Abend, an dem er nicht sein Pferd sattelte, um sich mit der Fähre über den Strom setzen zu lassen. Sobald aber die Rheinbrücke fertig gebaut war, ritt er von nun an allabendlich hinüber zur Burg der Geliebten und in der Nacht wieder zurück nach Koblenz.

Anfänglich störte ihn niemand dabei. Er ahnte nicht, daß die Flußnixe ihn längst heimlich beobachtete und ihre bösen Pläne schmiedete. So verging der Winter, denn der junge Ritter ließ sich auch durch Regen, Schnee und Sturm nicht von den Besuchen bei seiner Braut zurückhalten, und der Frühling zog ins Land. An einem schönen Abend im Mai sattelte er wie immer sein Roß und ritt, das Bild der Angebeteten im Herzen, über die Moselbrücke. Der Vollmond stand hell am Himmel, und in seinem Licht sah er am anderen Ende der Brücke auf dem Geländer eine wunderschöne Frauengestalt sitzen. Je näher er ihr kam, desto mehr erschrak er, denn obwohl er an dem hellen Leib und dem silbrig glänzenden Fischschwanz erkannte, daß es eine Nixe war, glich sie doch genau seiner Braut. Wie sie hatte sie ihr blondes Haar zu einer Krone um den Kopf gewunden und sah ihn aus großen Augen erwartungsvoll an. Sie hatte das gleiche zarte Gesicht, die gleichen roten Lippen, und sie streckte ihm mit der gleichen Bewegung die Arme entgegen. Nur ihre Augen waren nicht blau wie die seiner Braut, sondern leuchteten grün wie Katzenaugen, und sie waren viel, viel größer.

Der junge Ritter lenkte sein Pferd auf die entgegengesetzte Seite der

Brücke, um in möglichst großer Entfernung an der unheimlichen Gestalt vorbeizukommen. Doch als er ihr gerade gegenüber war, lachte sie auf einmal und rief mit süßer Stimme: „Es nützt dir nichts, wenn du mir ausweichst, denn ich werde jeden Abend hier auf dich warten!"

Damit winkte sie ihm zu, er sah ihren Fischschwanz im Mondlicht aufleuchten, als sie sich übers Brückengeländer schwang und hörte das Platschen, mit dem sie in die Mosel tauchte.

Verwirrt ritt er weiter. Seiner Braut sagte er kein Wort von dem Erlebnis, er betrachtete sie nur an diesem Abend noch aufmerksamer als sonst, um sie mit der Nixe von der Moselbrücke zu vergleichen. Die Ähnlichkeit schien ihm wirklich täuschend.

Abend für Abend begegnete er nun der Moselnixe, die ihn immer an der gleichen Stelle erwartete. Allmählich gewöhnte er sich geradezu an ihren Anblick und scheute sich nicht mehr, sie genauer anzusehen. Doch je mehr er es tat, desto größere Unterschiede stellte er fest: Das Haar der Nixe leuchtete goldener, ihre Haut schimmerte weißer, ihre Lippen glänzten röter als die seiner Braut. Das Grün ihrer Augen aber und ihre lockende Stimme verwirrten ihm allmählich so die Sinne, daß er statt des geliebten Mädchens die Nixe in den Armen zu halten glaubte.

Seine Braut bemerkte die Veränderung, die mit ihrem Verlobten vor sich ging. Und da sie nicht nur ein hübsches, sondern auch ein kluges Mädchen war, tat sie das Beste, was in diesem Fall zu tun war: Sie bewog ihren Vater, so schnell wie möglich die Hochzeit vorzubereiten. Der junge Ritter, der bis vor kurzem immer derjenige war, der es nicht erwarten konnte, schien es auf einmal gar nicht mehr so eilig zu haben. Aber sie tat, als bemerkte sie es nicht.

So kam der Abend vor der Hochzeit heran, und zum letzten Mal bestieg der junge Ritter sein Roß, um über die Moselbrücke zu reiten. Aber dieses Mal hatte er beschlossen, bei der Nixe anzuhalten und länger mit ihr zu sprechen, als er es bisher gewagt hatte. Ja, er war sogar bereit, nach ihren Wünschen zu fragen und sie vielleicht zu erfüllen. Voller Erwartung ritt er dahin.

Wie immer sah er sie schon von weitem auf dem Geländer sitzen, und als er vor ihr anhielt und vom Pferde stieg, legte sie schnell ihre Arme um seinen Hals. Dem jungen Ritter war zumute, als ob die ganze Welt um ihn versänke.

Inzwischen waren auf dem Schloß der Braut schon die ersten Gäste eingetroffen und viele wurden noch erwartet. Der Burgkaplan war am Morgen nach Koblenz geritten, um noch einige Vorbereitungen für die Trauzeremonie zu treffen, und kehrte nun am Abend müde über die Moselbrücke zurück. Da sah er voll Staunen den Verlobten seiner jungen Herrin vornübergeneigt am Brückengeländer lehnen, als wolle er sich im nächsten Augenblick hinunter in den Fluß stürzen.

Blitzschnell fielen dem Priester alle unheimlichen Geschichten ein, die man sich seit der Entstehung der Brücke über die zürnende Mosel=königin und ihre Wassergeister erzählte. Er gab seinem Roß die Sporen, jagte zu dem Verzauberten und rief: „Ritter, beeilt Euch, Eure Braut wartet!" Der junge Ritter fuhr zusammen und sah den Kaplan an, als erblicke er ihn zum ersten Mal. Dann machte er sich wortlos mit ihm auf den Weg zur Burg.

Am folgenden Tag wurde mit Glanz und Pracht die Hochzeit gefeiert. Der Ritter und seine Braut wurden ein glückliches Ehepaar. Aber in seinem ganzen Leben hat er es nie wieder gewagt, allein über die Moselbrücke zu reiten.

FULDA

Das standhafte Liebespaar

Die Stadt Spangenberg hatte in früheren Zeiten großen Mangel an Trinkwasser. Sie liegt zwar an einem kleinen Fluß, an der Pfieffe, die in die Fulda mündet, doch das einzige klare Wasser im weiten Umkreis spendete eine Quelle, die hoch droben an einem nahen Berg entsprang. Man kann sich vorstellen, wie mühsam es für die Spangenberger war, täglich hinaufzusteigen. Es wurde auch immer wieder davon gesprochen, das Wasser nicht am Berg versickern zu lassen, sondern in einem Bach zum Ort zu leiten. Doch es kam nie dazu, denn diese Anlage war überaus schwierig.

Daß aber der Trinkwasserbach schließlich doch noch gebaut wurde, verdankt Spangenberg einem treuen Liebespaar.

Die Tochter des Bürgermeisters und der Sohn des Schmiedes von Spangenberg hatten sich eines Tages kennen und lieben gelernt. Doch die Eltern des Mädchens hatten bereits einen anderen Schwiegersohn gewählt, der viel wohlhabender und angesehener war als der arme junge Schmied. Auch dessen Vater war von der Liebe seines Sohnes zur Tochter des reichen Bürgermeisters nicht begeistert, denn er glaubte nicht, daß diese Liebe Bestand haben werde. Immer wieder versuchten die beiden jungen Leute, ihre Eltern umzustimmen, doch es gelang ihnen nicht. Aber das Mädchen blieb fest und lehnte nicht nur den vorgesehenen Bewerber, sondern auch alle anderen ab. Auch ihr Geliebter schenkte keinem anderen Mädchen einen Blick und hielt ihr die Treue.

Endlich wurden der Bürgermeister und seine Frau so zornig über das standhafte Liebespaar, daß sie den jungen Schmied eines Tages zu sich riefen. Als er ihnen erklärte, daß er erst dann von ihrer Tochter lassen wolle, wenn sie ihn eines Tages nicht mehr liebe, sagte der Bürgermeister spöttisch: „Nun gut, ihr sollt euch haben! Aber ich gebe meine Einwilligung zu eurer Hochzeit erst dann, wenn ihr beide mir einen Bach von der Quelle am Berg bis nach Spangenberg gegraben habt. Ich möchte doch sehen, ob meiner Tochter bei dieser Arbeit nicht ihre törichte Liebe vergeht!"

Wenn die Eltern geglaubt hatten, daß ihre Kinder über dieses Ansinnen bekümmert und verzweifelt sein müßten, so hatten sie sich getäuscht. Glücklich darüber, daß sie nun täglich zusammensein durften, machten sich die beiden sofort an die Arbeit. Eifrig begannen sie oben am Berg zu graben, und obwohl der Boden sehr hart und steinig war, kamen sie doch ein paar Fußbreit voran. Tag für Tag, Monat für Monat, Jahr für Jahr arbeiteten sie an dem Graben und merkten gar nicht, wie die Zeit darüber verging. Solange sie jung waren, bewältigten sie die Arbeit schnell, immer das Ziel ihrer Hochzeit vor Augen. Mit zunehmendem Alter ging sie ihnen täglich mühsamer von der Hand. Doch nie, nicht ein einziges Mal dachten sie daran, dieses harte Leben aufzugeben und sich zu trennen.

Vierzig Jahre waren vergangen, als sie den Graben bis zu ihrem Heimatort geführt hatten und eines Tages endlich den letzten Spatenstich tun konnten. Doch in diesem Augenblick wurden die beiden weißhaarigen Leute, die sie inzwischen geworden waren, von einer großen Müdigkeit befallen. Hand in Hand legten sie sich am Ufer ihres Baches, in dem das klare Quellwasser floß, nieder und starben.

INNERSTE

Die Mühle an der Innerste

In der neuen Mühle an der Innerste, im Oberharz, spukt es. Wo heute die Mühle steht, war nämlich früher ein Kloster, das die Mönche nach der Reformation verlassen mußten. Ihre Geister aber machen sich von Zeit zu Zeit immer wieder bemerkbar.
Sie packten die Handwerker, welche die Mühle bauten, unvermutet an den Füßen, daß sie hinfielen, und im Keller stand die Gestalt eines dicken Mönches, der unentwegt auf ein Flämmchen deutete, das dort Tag und Nacht brannte.
Endlich ließ der Müller, dem wegen der unheimlichen Geister immer wieder die Gesellen davonliefen, einen Pater kommen und fragte ihn, was zu tun sei.
Der Pater ließ sich alles erzählen, betrachtete aufmerksam den dicken Mönch neben dem Flämmchen und kam zu der Überzeugung, daß hier etwas verborgen sein müsse, was die Mönchsgeister nicht zur Ruhe kommen lasse. Nach seinen Anweisungen gruben Arbeiter an der Stelle, wo das Flämmchen brannte, einen dreimal verschlossenen Kasten aus. Doch der Pater warnte davor, ihn sofort zu öffnen. Er müsse erst Gebete über ihm sprechen, meinte er und ließ den schweren Kasten auf einem Wagen zu seinem Haus fahren. Vier Pferde konnten ihn kaum ziehen.
Tage vergingen, und der Pater ließ nichts von sich hören und brachte auch nicht den Schatz, der sicher im Kasten eingeschlossen war. Endlich wollte der Müller nicht länger warten und schickte zwei seiner Knechte zum Haus des Paters. Der aber war spurlos verschwunden

und hatte den Schatz mitgenommen. Nur der Kasten stand geöffnet mitten in der Studierstube, und auf seinem Boden lag nichts als ein einziger roter Heller.

Der Spuk in der neuen Mühle aber hörte trotzdem nicht auf. Im Gegenteil, von nun an gingen nicht nur die Geister der alten Mönche, sondern noch eine ganze Anzahl anderer unheimlicher Gestalten um. Die eine hieß das Dickauge. Es war ziemlich scheußlich anzusehen, denn ein dickes Auge hing ihm aus dem Kopf. Außerdem war es ganz und gar in ein weißes, vor der Stirn mit einem Knoten zusammengebundenes Laken gehüllt. Dieses Dickauge war ein Klopfgeist, der keinen anderen Schaden anrichtete, als die Müllersleute durch sein dauerndes Klopfen zu erschrecken und zu ärgern. Allmählich aber gewöhnten sie sich an ihn wie an die anderen Geister, die auch alle ziemlich harmlos waren: Der Fegelork, der die Mühle unverdrossen vom Boden bis zum Keller fegte, oder die zwölf Klosterschüler, die immer um elf Uhr erschienen, eine Stunde lang in einem großen Buch lasen und um Mitternacht unter dem Läuten einer großen Glocke, die der zwölfte trug, wortlos verschwanden.

Geradezu beliebt aber bei den Müllersleuten und allen ihren Gästen war „der Freundliche". Der klopfte höflich an, ehe er abends in die Stube trat und brachte immer einen Stuhl mit. Den stellte er dann mitten ins Zimmer und winkte jedem Anwesenden freundlich zu, sich doch darauf niederzusetzen. Am meisten schien es ihn zu freuen, wenn eine recht muntere Gesellschaft bei Musik und Zitherspiel versammelt war. Allmählich wurde er so bekannt in der Gegend, daß die Leute mit Vorliebe den Müller besuchten, wenn sie wußten, daß „der Freundliche" am Abend erscheinen würde. Das tat er nämlich regelmäßig alle sechs Wochen. Nur gegen Mitternacht, wenn er wieder verschwinden mußte, wurde er jedesmal traurig, weil nie ein Mensch seiner Aufforderung nachkam und sich auf seinen Stuhl setzte. Doch er trug es den Menschen nicht nach, und wenn er nach sechs Wochen wiederkam, war er freundlich wie zuvor.

ILSE

Die Jungfrau vom Ilsenstein

Wo die Weser in die Nordsee mündet, lebte vor vielen hundert Jahren ein Liebespaar. Die beiden jungen Menschen hatten sich geschworen, nie voneinander zu lassen, was auch geschehen möge, und eher zu sterben, als sich jemals zu trennen.
Kurz vor dem Tag ihrer Hochzeit brach eine furchtbare Sturmflut herein. Haushohe Wogen kamen die Weser herauf und überschwemmten das ganze Land Niedersachsen. Nur wenige Menschen blieben am Leben und flohen vor dem nachdrängenden Wasser immer weiter ins Land hinein.
Der Jüngling hatte im letzten Augenblick Ilse, seine Braut, aus ihrem Elternhaus retten können, wo ihre ganze Familie bereits in der Flut umgekommen war. Nun flüchteten die beiden viele Tage lang nach Südosten, bis sie zum Harz kamen, und je höher die Flut stieg, desto höher stiegen auch sie.
Ganz erschöpft standen sie schließlich auf einem hohen Felsen am Brocken. Hand in Hand sahen sie, wie die Wogen heranrollten, sich zu ihren Füßen am Gestein brachen, zurückfluteten und mit doppelter Kraft anstürmten. Mit den Augen suchten sie einen Weg weiter hinauf zum Brocken, der wie eine ungeheure Insel aus dem wilden Meer ragte, als sich auf einmal der Fels, auf dem sie standen, zwischen ihnen spaltete und in zwei Teile auseinanderbarst. Getrennt stürzten sie in die Tiefe und ertranken in der Flut.
Nach langer Zeit, als das Wasser endlich abgeflossen war, begannen die Menschen in Niedersachsen und am Harz ihre Felder neu zu be=

stellen und ihre Häuser wieder aufzubauen. Wenn sie von der schrecklichen Sturmflut sprachen, so erinnerten sie sich auch an das unglückliche Liebespaar. Zum Gedenken an die junge Braut nannten sie den einen der beiden hohen Felsen, die sich am Fuße des Brocken gegenüberstehen und früher ein Ganzes bildeten, den Ilsenstein. Der Fluß, welcher sie umspült, heißt seitdem die Ilse und die Stadt, die an ihm entstand, Ilsenburg.

Jeden Morgen mit dem ersten Sonnenstrahl tritt aus einer Höhle am Ilsenstein die Gestalt einer schönen Jungfrau. Sie blickt hinunter in den Abgrund, dann zu dem gegenüberliegenden Felsen und über das weite Land, als ob sie jemand suche. Dann geht sie zu einer nahegelegenen Quelle, um zu baden.

Sie hütet einen Schatz, der tief im Ilsenstein verborgen liegt.

Schon vielen Frauen und Mädchen, die sie aufsuchten, um ihren Rat und ihre Hilfe zu erbitten, hat sie geholfen. Sie sagt ihnen, was sie tun müssen, um sich die Treue ihres Liebsten zu erhalten, zeigt ihnen wunderbare Heilkräuter, wenn ihre Kinder krank sind und schenkt ihnen wohl auch eine Handvoll Goldstücke oder einen blitzenden Edelstein aus dem gehüteten Schatz. Aber nur Menschen, die frei von Haß und Selbstsucht sind, können sie sehen. Mit ihnen spricht die Jungfrau freundlich und erzählt ihnen, daß sie sehnsüchtig darauf wartet, erlöst zu werden. Doch niemand hat bisher das Zauberwort für sie gefunden.

RUHR

Zwergkönig Volmar

Tief in der Erde unter Schloß Hardenstein an der Ruhr hatte ein großes Volk von Erdmännchen sein Reich. Ihr Oberhaupt war der Zwergkönig Volmar. Alle Menschen ringsum im Land hatten sie gern und freuten sich, wenn sie die kleinen Leute nachts in ihren Häusern rumoren hörten, denn oft fanden sie dann am Morgen eine Arbeit beendet, mit der sie tags vorher nicht fertig geworden waren, oder ein paar Goldkörner auf den Fußboden gestreut, wenn sie gerade Not litten und Sorgen hatten.

Auch auf Schloß Hardenberg waren die Erdmännchen gerngesehene Gäste. Ja, der Schloßherr stand mit Zwergkönig Volmar auf so gutem Fuß, daß er ihm das Angebot machte, doch ganz zu ihm überzusiedeln. Volmar, dem es auf Hardenberg schon immer gut gefallen hatte, stimmte erfreut zu, und so bekam er im Schloß eine Kammer mit Ausblick auf die Ruhr wohnlich eingerichtet und regierte fortan von hier aus sein großes Reich. Die Schloßherrin aber sorgte dafür, daß er täglich die köstlichsten Leckerbissen vorgesetzt bekam, die Küche und Keller zu bieten hatten.

Alles wäre gut gegangen, wenn Volmar sich nicht ausgerechnet in des Wassermanns Tochter verliebt hätte.

Helo, so hieß der Flußkönig der Ruhr, war der scheußlichste Wassermann, den man sich vorstellen kann. Niemand sah ihn je anders als in zerlumpten Hosen und schmutzigem Rock. Sein ganzes Gesicht war von einem graugrünen, verwilderten Bart bedeckt. Er hatte kleine Triefaugen, ein riesiges Maul mit grünen Zähnen und lange, ge=

schlitzte Ohren. Grüne, struppige Haarbüschel wucherten aus seinem zerlöcherten Hut.

Kein Mensch hätte es für möglich gehalten, daß er eine so schöne Tochter besaß wie die Nixe Hela. Sie war genau das Gegenstück zu ihrem häßlichen Vater: zart, hellhäutig, feingliedrig, mit langem, grüngoldenem Haar, sanfter Stimme und einem zierlichen, silbernen Fischschwanz. Im Vergleich zu ihrem Vater, der ständig auf Menschen lauerte, um sie in die Ruhr hinabzuziehen, war sie auch gar nicht so böse. Denn gelegentlich lockte sie zwar mit ihrem Gesang ahnungslose Fischer oder Badende in die Tiefe, Kinder aber verschonte sie und hatte sogar vielen schon das Leben gerettet.

Eines Tages sah der Zwergkönig Volmar sie vom Fenster seiner Kammer aus auf Schloß Hardenberg. Sie saß auf einem Stein mitten im Fluß und schüttelte die Wassertropfen aus ihrem Haar, die im Licht der untergehenden Sonne wie tausend Diamanten blitzten. Von diesem Augenblick an war es um Volmar geschehen: Er dachte nur noch an die schöne Nixe. Da er ihren grimmigen Vater nur zu gut kannte und wußte, daß er seine Tochter nie einem Erdmännchen zur Frau geben würde, sann er auf eine List, wie er sich ihr unbemerkt nähern und ihre Bekanntschaft machen könne.

Schon am nächsten Tag beauftragte er eine Schar seiner Diener damit, einen unterirdischen Gang von Schloß Hardenberg zur Ruhr zu graben, direkt unter den Wohnsitz des Wasserkönigs. Er wurde nicht müde, sich vorzustellen, wie er dann mit einigen Getreuen eines Nachts, wenn Helo nicht zu Hause war, zum Wasserschloß schleichen und die schöne Nixe entführen würde in sein Reich. Da er aber wünschte, daß sie ihm gern und willig folgen sollte, beschloß er, schon vorher ihre Bekanntschaft zu machen. Von nun an stolzierte er jeden Abend um die Stunde des Sonnenuntergangs hinunter zur Ruhr. Dort setzte er sich ans Ufer und starrte wie gebannt hinüber zu der Angebeteten, die auf ihrem Stein im Wasser saß, ihr Haar schüttelte und leise dazu sang.

Es dauerte lange, ehe Hela ihn überhaupt bemerkte, denn Volmar war winzig klein, und mit Erdmännchen hatte die Nixe noch nie etwas zu tun gehabt. Einmal aber entdeckte sie ihn doch, weil gerade ihr Lieblingsfisch, der für die Nixe etwas ähnliches war wie ein Schoßhündchen für Menschenfrauen, ganz nahe bei Volmar seine lustigen Sprünge vollführte.

„He!“ rief sie dem kleinen Mann erstaunt zu, „wer bist denn du?“

„Ich bin der König der Erdmännchen und dein treuester Verehrer“, antwortete Volmar würdevoll und verneigte sich tief.

Das fand Hela so über alle Maßen drollig, daß sie hellauf lachte, ihm freundlich zuwinkte und ein wunderschönes Lied für ihn sang. Volmar war überglücklich, und von nun an winkte die Nixe ihm jeden Abend zu und sang ein Lied für ihn.

Volmars Untertanen gruben inzwischen eifrig an dem Gang, und der große Tag war nicht mehr fern, an dem ihr König seinen Plan durchführen wollte.

An einem der letzten Abende vorher saß er wie üblich auf seinem Posten. Er war so traumverloren, daß er gar nicht bemerkte, wie sich ein Reiter näherte. Es war Hans von Hardenstein, der junge Sohn des Schloßherrn und ein guter Freund Volmars. Weil er die schöne Nixe auf ihrem Stein entdeckt hatte, ritt er neugierig heran, um ihr etwas näher, doch nicht allzu nahe zu kommen. Da sah er Volmar am Ufer sitzen. Der Anblick des winzigen Kerlchens, das völlig versunken und sehnsüchtig zu der schönen Nixe hinüberstarrte und ihrem Gesang lauschte, war so über alle Maßen komisch, daß er ganz vergaß, wie empfindlich die kleinen Leute in solchen Dingen sind. Er lachte dröhnend und rief: „Volmar, paß’ auf, sonst kommt der Wassermann und schnappt dich wie eine Fliege!“

Hela unterbrach ihren Gesang und kicherte. Volmar aber fuhr zusammen, als habe er einen Hieb bekommen. Er wurde vor Zorn krebsrot in seinem kleinen Zwergengesicht, stampfte mit seinem winzigen Stiefel so heftig auf den Boden, daß der sich unter ihm auftat und entfloh in dem Spalt auf Nimmerwiedersehn.

Seitdem ist das Volk der Erdmännchen aus dem Ruhrgebiet verschwunden. So sehr auch die Menschen versuchten, ihre freundlichen Helfer zurückzulocken, sie ließen sich nicht mehr blicken.

WESER

Der Rattenfänger von Hameln

Gegen Ende des 13. Jahrhunderts wurde die Stadt Hameln von einer schrecklichen Plage befallen: Scharen von Ratten und Mäusen tauchten überall auf. Sie nisteten sich in den Kellern und Speichern ein, fraßen sämtliche Vorräte auf, vermehrten sich tausendfach und huschten schließlich am hellen Tag durch alle Wohnräume und Straßen. Fallen aufzustellen und Gift auszustreuen hatte nicht den geringsten Erfolg, denn für jede tote Ratte oder Maus erschienen hundert andere auf dem Plan.

Als die Bürger sich nicht mehr zu helfen wußten, kam eines Tages ein merkwürdig gekleideter Mann in die Stadt. Er trug grünkarierte Hosen, schwarze Schnabelschuhe, einen roten Rock und einen mächtigen schwarzen Hut mit einer großen, grünen Feder darauf. Sein ganzes Reisegepäck bestand in einer Flöte.

Er ging geradewegs zum Haus des Bürgermeisters und verlangte, vorgelassen zu werden, weil er eine sehr wichtige Mitteilung zu machen habe und den Bürgern helfen wolle.

„Ich kann die Stadt in einer einzigen Stunde von der Ratten- und Mäuseplage für alle Zeiten befreien", erklärte er, als er vor dem Stadtoberhaupt und seinem Rat stand, „aber ich tue es nicht umsonst." Und er nannte eine hohe Summe, die er für diese Arbeit forderte.

Den Herren erschien der Preis zwar ziemlich teuer, denn er würde ein mächtiges Loch in ihren Stadtsäckel reißen, doch sagten sie sich, daß er ja nur zu bezahlen sei, wenn der Fremde sein Versprechen hielt. Der Verlust aber, den die Gemeinde durch die Nagetiere erlitt, war auf die Dauer noch viel größer. So schlugen sie also ein, und es wurde ein Vertrag unterschrieben.

Der Fremde machte sich daraufhin sofort ans Werk. Er stellte sich auf den Marktplatz, setzte seine Flöte an die Lippen und begann eine seltsame Melodie zu spielen. Da kamen aus allen Schlupfwinkeln die Mäuse und Ratten, und als er nun langsam durch die Straßen ging, immer die gleiche Melodie spielend, wurden es immer mehr. Sie folgten ihm zu Hunderten, Tausenden, Zehntausenden. Kein einziges Tier blieb in seinem Versteck.

Der Fremde ging mit seinem Gefolge hinaus aus der Stadt an die Weser. Dort zog er Schuhe und Strümpfe aus, rollte die Hosenbeine hoch und watete flötespielend ins Wasser. Ihm folgten wie verhext die Scharen der Nagetiere und ertranken in der Flut.

Die Hamelner sahen voll Staunen dieses Schauspiel. Aber kaum waren sie von der Plage befreit, so kam ihnen auf einmal der Lohn, den sie dem Rattenfänger versprochen hatten, ungeheuerlich vor. Sie versuchten, mit ihm zu handeln und erklärten ihm immer wieder, daß es ja für ihn keine Arbeit, sondern ein reines Kinderspiel gewesen sei, und als er sich nicht mit einer geringeren Summe zufrieden geben wollte, schickten sie ihn ärgerlich fort. Der Fremde aber schwor, sich an der ganzen Stadt dafür zu rächen.

Nicht lange danach war Johannistag, und morgens versammelten sich alle Frauen und Männer Hamelns zum Gottesdienst in der Kirche. Wie ausgestorben lagen Markt und Straßen, als auf einmal der Rattenfänger erschien, sein Flötenspiel begann und langsam durch die Stadt ging. Da kamen statt der Ratten und Mäuse alle Kinder aus den Häusern und folgten ihm in einem langen Zug bis hinunter zum Weserufer.

Ein Kindermädchen, das zu Hause geblieben war, sah alles mit an und lief schnell in die Kirche, um die Eltern zu warnen. Doch ehe die Leute den Fremden einholen konnten, war es bereits zu spät. Einhundertunddreißig Kinder waren spurlos verschwunden, und nicht eines ist jemals wiedergekommen.

DONAU

Das verlorene Lachen

Der reichste und mächtigste unter allen Wassergeistern war der Flußgott der Donau. Er herrschte über den ganzen Strom von der Quelle bis zum Schwarzen Meer und über alle seine Nebenflüsse. Nicht nur das Wasservolk, auch die Menschen fürchteten ihn wegen seiner Grausamkeit und Strenge.

Als er bereits ein sehr alter Wassermann war, begegnete er auf einem Fest, das er zu Ehren seines Nachbarn, des Königs vom Schwarzen Meer veranstaltete, der schönen, jungen Wasserfürstin Lau. Sie hatte tiefschwarzes Haar, eine schneeweiße Haut und leuchtendblaue Augen. Da ihr Vater ein Wassermann, ihre Mutter jedoch eine Menschenfrau gewesen war, hatte sie keinen Fischschwanz wie die anderen Nixen, sondern nur ganz zarte Schwimmhäute zwischen ihren Fingern und Zehen. Das schönste an ihr aber war ihr silberhelles Lachen.

Zum ersten Mal in seinem langen Leben spürte der Flußgott, wie sein hartes Herz bei ihrem Anblick höher schlug. Und da er seine Entscheidungen schnell zu treffen pflegte, beschloß er noch am gleichen Abend, sie zu seiner Donaukönigin zu machen. Er beauftragte seine Mutter und seine Schwester, die Wasserfürstin von der oberen Donau, die schöne Lau auf seinen Antrag vorzubereiten und fragte sie bereits am folgenden Tag, ob sie seine Frau werden wolle.

Die schöne Lau hatte bisher alle Bewerbungen ihrer zahlreichen Verehrer unter den Wasserfürsten abgelehnt. Ihre Liebe gehörte einem jungen Mann aus dem Schwabenland, der wie sie eine Menschenfrau zur Mutter und einen Wassermann zum Vater hatte. Doch Lau war

eine Wasserfürstin, und der junge Mann war arm. So zog er eines Tages hinaus in die weite Welt und kam niemals wieder. Als nun der mächtige Donaukönig sich um sie bewarb, bat die schöne Lau sich noch ein paar Tage Bedenkzeit aus, dann gab sie ihm ihr Jawort.
Die Hochzeit wurde mit großer Pracht im Wasserschloß an der Donaumündung gefeiert. Von weit her aus des Königs großem Reich strömten seine Untertanen, um der jungen Königin zu huldigen: die Nixen und Wassermänner, die Nebelfrauen, Alraunen, Holdinnen und Unholde, die Waldfrauen, Kobolde und natürlich alle Wasserfürsten der Donau und ihrer Nebenflüsse.
Der Flußgott war so freundlich zu seiner jungen Frau wie bisher zu keinem Lebewesen. Er las ihr jeden Wunsch von den Augen ab, und die schöne Lau fügte sich mit Würde und Liebreiz in ihre neue Aufgabe als Königin eines so mächtigen Reiches. Aber an der Seite ihres ernsten Gemahls, ständig umgeben von betagten Würdenträgern, verlief ihr Leben doch längst nicht so fröhlich, wie sie es bisher im Kreis ihres Wasservolks gewöhnt war. Ihr silberhelles Lachen war immer seltener zu hören und verstummte schließlich ganz. Bekümmert flüsterte man sich im Wasserschloß zu: „Die schöne Lau hat ihr Lachen verloren!"
Der König war sehr betrübt über die Veränderung, die mit seiner jungen Frau vor sich gegangen war. Aber obwohl er immer wieder Kobolde und lustige Waldfrauen als Spaßmacher kommen ließ, um sie aufzuheitern — die schöne Lau blieb ernst und nachdenklich und lächelte höchstens ein bißchen.
Ganz schlimm wurde es, als das Kind, das sie erwartete und auf das sich der König und sie sehr gefreut hatten, tot zur Welt kam. Seitdem lächelte Lau nicht einmal mehr. Und sie versank in völlige Schwermut, als auch ihre nächsten beiden Kinder nicht am Leben blieben.
Die Ärzte und Weisen, die man um Rat fragte, schüttelten die Köpfe, zogen sich zur Beratung zurück und erklärten dann einstimmig: „Es muß an dem verlorenen Lachen liegen. Erst wenn die Königin es wiedergefunden hat, kann sie einen Erben für das Donaureich zur Welt bringen."

Der Flußgott, der sich von seiner jungen Frau Aufheiterung und ge= sunde Kinder versprochen hatte, wurde von Tag zu Tag mürrischer und grausamer, als er es je vorher gewesen war. Als die schöne Lau ihm wieder einmal schweigsam und traurig gegenübersaß, verlor er endgültig die Geduld und fuhr sie grob an: „Ich habe es satt, mir jeden Tag diese Trauermiene anzusehen! Morgen schicke ich dich zur oberen Donau in den Blautopf. Dort wirst du bleiben, bis du wieder das Lachen gelernt hast!"

Die schöne Lau fügte sich wortlos und ohne eine Miene zu verziehen. Im Grunde war sie sogar ein bißchen froh, dem starren Hofleben und ihrem harten Gemahl eine Weile entfliehen zu können. Wer weiß, vielleicht würde sie wirklich am Blautopf ihr verlorenes Lachen wie= derfinden?

Der Blautopf ist ein wunderschöner, kleiner See am Rande der Schwä= bischen Alb. Wie schon sein Name sagt, hat sein Wasser eine tiefblaue Farbe, und auch der Fluß, der von hier nach der Donau fließt, heißt Blau. Hier hauste von nun an also die schöne Lau. Sie hatte sich auf dem Grund des Sees eine behagliche Wohnung eingerichtet. Wie es darin aussah, erzählte ein Hirtenjunge, den sie einmal hinunterzog und der sich nur mit Mühe wieder ans Tageslicht retten konnte. Er hatte der schönen Lau vom Ufer aus ein paar lose Worte zugerufen, und weil sie in dieser Zeit ohnehin nicht in der besten Laune war, fuhr sie zornig aus dem Wasser, packte ihn an den Haaren und zerrte ihn in den Blautopf. Sie wollte tatsächlich, daß er ertrinken sollte. So kam er bis auf den Grund, in ein wunderbares Schloß mit einem prächtigen Saal. Hier stand das Ruhebett der schönen Lau, ganz mit grüner Seide ausgeschlagen. Fußboden und Wände waren mit kostbaren Teppi= chen bedeckt, und auf einem Leuchter mit goldenen Füßen brannten sieben Kerzen.

Am liebsten wäre der Hirtenbub für immer hiergeblieben, zumal die schöne Lau nun sehr freundlich mit ihm sprach. Aber da er wußte, daß es sein Tod gewesen wäre, schlüpfte er in einem unbeobachteten Augenblick durch eine Hintertür und kam nach einer langen Wande= rung über viele Stufen und Gänge wieder hinauf zur Oberfläche.

Ein Jahr verging, und die schöne Lau hatte immer noch nicht ein einziges Mal gelacht. Ihre Schwägerin, die Wasserfürstin der oberen Donau, war schon ganz ratlos. Alle ihre Versuche, die traurige Lau zu erheitern, waren vergeblich geblieben. Immer, wenn sie zu Besuch gekommen war, hatte sie berühmte und mächtige Männer des Landes oder aus dem Wasserreich mitgebracht: den Dr. Faust und seinen Freund, den Zauberer Treuhaupt; den geheimnisvollen Dr. Veylland, der sich einst statt des linken Eckzahnes den Zahn eines Kraken aus dem Roten Meer einsetzen ließ und seitdem die Fähigkeit besaß, sich unsichtbar zu machen; und die großen Flußgötter und Wasserfürsten von Main, Neckar und Isar. Doch obwohl sie alle Künste ihrer Beredsamkeit entfalteten, allen ihren Witz und ihre Zauberkraft, und obwohl die schöne Lau ihnen aufmerksam zuhörte und gar nicht genug von den Ereignissen rings im Lande erfahren konnte, gelang es doch keinem der hohen Herren, sie von Herzen zum Lachen zu bringen.
Ganz besonders traurig war sie an dem Tag, als die Boten ihres Gemahls kamen, um sich zu erkundigen, ob sie inzwischen im Blautopf ihr Lachen wiedergefunden habe. Sie wußte nämlich, daß sie nun ein weiteres Jahr hierbleiben mußte, denn nur einmal im Jahr, so hatte der König gesagt, wolle er Nachricht von ihr haben — es sei denn, sie sei schon vorher wieder vergnügt und heiter geworden.
Endlich beschloß sie, nicht länger untätig auf dem Grund des Blautopfs zu sitzen, sondern hinauf zu den Menschen zu steigen und sich bei ihnen etwas umzusehen.
Gleich am nächsten Tag verwirklichte sie ihren Plan. Als sie aus dem Blautopf emportauchte, sah sie direkt vor sich am Ufer ein Gasthaus stehen. Über seiner Tür hing ein buntes Schild mit der Aufschrift „Zum Nonnenhof", und in der Tür stand die rotwangige, muntere Wirtin, die erstaunt die schöne Lau betrachtete und gleich ein Gespräch mit ihr anknüpfte: „Nanu, du bist doch nicht etwa eine Nixe?" fragte sie neugierig.
Die schöne Lau nannte schüchtern ihren Namen, aber da brauchte sie gar nichts weiter zu erzählen, denn die Wirtin hatte schon viel von ihr gehört und kannte genau ihre Geschichte.

„Das trifft sich ausgezeichnet!" rief sie erfreut. „Meine Tochter und ich sind ganz allein hier im Haus, denn um diese Jahreszeit kommen nicht viele Gäste an den Blautopf. Bleibe ein Weile bei uns, wir wollen uns miteinander unterhalten und lustig sein, und du sollst sehen: Du wirst bei uns das Lachen wieder lernen!"

Lau gefiel dieser Vorschlag so gut, daß sie am liebsten gleich dageblieben wäre. Aber da fiel ihr noch rechtzeitig ihre Schwägerin ein, die es bestimmt nicht gern sah, wenn Lau sich für längere Zeit entfernte, ohne eine Nachricht zu hinterlassen. Schließlich hatte ihr hoher Bruder, Laus Gemahl, sie ja beauftragt, gut aufzupassen und ihm einmal im Jahr durch seine Boten Bericht zu erstatten.

„Schönen Dank für deine Einladung," sagte darum Lau zu der freundlichen Wirtin. „Ehe ich sie annehme, muß ich jedoch erst mit meiner Schwägerin, der Wasserfürstin, darüber sprechen. Wenn sie es mir erlaubt, will ich gern für ein paar Tage zu euch kommen." Damit winkte sie lächelnd und tauchte wieder hinunter in den Blautopf.

Die Wasserfürstin hatte sich schon Sorgen gemacht, weil sie die schöne Lau überall im Schloß gesucht und nirgends gefunden hatte. Als sie aber von ihrem Erlebnis hörte, lachte sie und war mit dem Plan gleich einverstanden, denn ihr war die Nonnenhof-Wirtin wohlbekannt und sie wußte, daß man ihr die schöne Lau ruhig anvertrauen konnte. Die tiefe Verehrung, die Dr. Faust, Dr. Veylland und Treuhaupt der jungen Königin entgegenbrachten, beunruhigte die Schwägerin sowieso etwas, denn sie wußte nicht, ob dem Donaukönig die ständigen Besuche der drei Herren angenehm wären, wenn er davon erführe.

So machte sich Lau also wieder auf den Weg und fand diesmal gleich einen unterirdischen Zugang zum Nonnenhof: eine kleine Wasserader, die aus dem Blautopf zu einem Brunnen im Keller des Nonnenhofes führte. Dort brauchte sie nur ein bischen zu plätschern und zu rumoren, und schon kam Jutta angelaufen, die junge Tochter der Wirtin, um sie zu begrüßen. Sie hatte Handtücher und ein paar Kleider für Lau mitgebracht, und als sie nun anfing, sie abzutrocknen und ihr die zarten Füße mit den Schwimmhäuten zwischen den Zehen rieb, geschah es: Die schöne Lau lachte!

Allerdings war es noch nicht ihr silberhelles Lachen von einst. Sie kicherte nur ein bißchen und hörte auch gleich wieder auf, weil sie selber so darüber verwundert war. Immerhin wußte sie nun, daß sie noch lachen konnte, wenn nur der richtige Anlaß dazu da war, und die Wirtin und ihr Töchterlein freuten sich mit ihr darüber.
Sie führten die schöne Lau in ihre Stube, wo ein großer Spiegel an der Wand hing. Als sich die Donaukönigin darin sah, mit dem plum= pen braunen Faltenrock, dem knappen roten Mieder, barfuß, während ihr langes Haar wie ein Mantel über Schultern und Rücken bis zum Fußboden herabreichte, lachte sie hellauf, und diesmal war es wirklich ihr silbernes Lachen von einst.
Sie lachte so laut, daß es ihre Schwägerin drunten im Blautopf hörte. Die schickte sofort einen schnellen Wassermann ins Schloß des Do= naukönigs, um ihm die Freudennachricht zu überbringen. Doch die Mutter des Flußgottes, die sich auf diese Dinge verstand, ließ ihrer Schwiegertochter sagen, daß es mit einem Lachen nicht getan sei. Lau müsse fünfmal lachen, ehe sie ihre frühere Heiterkeit endgültig wiedergefunden habe. Dann erst sei es gewiß, daß sie dem König einen gesunden Erben schenken könne.
Lau schloß inzwischen mit der Nonnenhof=Wirtin und ihrer Tochter eine herzliche Freundschaft. Sie fühlte sich bald wie zu Hause bei ihnen und kam, auch als die verabredeten Besuchstage vorüber waren, fast jeden Tag für eine oder mehrere Stunden. Die muntere Wirtin hatte es sich in den Kopf gesetzt, die schöne Lau ihr verlorenes Lachen endgültig wiederfinden zu lassen und holte von nah und fern die lu= stigste Gesellschaft in ihr Haus.
Drei weitere Male hatte die Donaukönigin inzwischen gelacht: Einmal träumte sie einen so komischen Traum von dem alten Abt aus dem benachbarten Kloster, daß der Blautopf eine ganze Stunde lang Wel= len schlug — so sehr geriet er durch das Lachen der Lau in Unruhe.
Das nächste Mal brachte sie Hans zum Lachen, der Sohn der Nonnen= hofwirtin, der im benachbarten Kloster Koch war. Als Lau gerade wieder einmal aus dem Blautopf auftauchte, vollführte er am Ufer so komische Sprünge und schnitt so lustige Grimassen dazu, daß sie

darüber lachen mußte, ob sie wollte oder nicht. Schließlich hörte man sie zum vierten Mal lachen, als eines Abends im Nonnenhof eine fröhliche Gesellschaft das Zungenbrechen übte. Jeder mußte ganz schnell dreimal hintereinander den Vers sprechen:

„'leit a Klötzle Blei glei bei Blaubeura,
glei bei Blaubeura leit a Klötzle Blei."

Als die Reihe an die schöne Lau kam, brachte sie ein solch komisches Kauderwelsch zustande, daß alles schallend lachte — und die schöne Lau lachte silberhell mit.

Doch mit dem fünften Lachen wollte es einfach nicht klappen. Je mehr die Donaukönigin und ihre Freunde darauf warteten, desto schwieriger schien es zu werden. Und dabei stand wieder einmal der Tag bevor, an dem die Boten des Donaukönigs eintreffen würden, um sich nach dem verlorenen Lachen zu erkundigen. Von Stunde zu Stunde wurde die schöne Lau ernster und trauriger. Sie war schon beinahe wieder so tiefsinnig wie damals, als ihr Gemahl sie aus seiner Nähe verbannte. Am Morgen des gefürchteten Tages entfloh sie in ihrer Not dem Schloß im Blautopf und dem mit ihr trauernden Wasservolk und begab sich zum Nonnenhof. Dort saß sie im Kreis der Menschen, die sie lieb gewonnen hatte, und wenn es ihr möglich gewesen wäre, sich für alle Zeit in ein einfaches, fröhliches Bauernmädchen zu verwandeln, so hätte sie es bestimmt getan.

Auf einmal öffnete sich die Tür und herein trat ein Hauptmann des Donaukönigs. Er war groß und stattlich, und man konnte ihn eher für einen Menschen als für einen Wassermann halten. Als er sich tief vor der schönen Lau verneigte, um die gefürchtete Frage an sie zu richten, glaubte die Königin, in ihm den Geliebten ihrer Jugend zu erkennen, so täuschend ähnlich sah er ihm. Sie wollte ihm ein paar Schritte entgegengehen, stattdessen aber fiel sie vor Aufregung, Freude, Schreck und Angst in Ohnmacht.

Alle Anwesenden liefen und schrien nun entsetzt durcheinander, doch der königliche Hauptmann beruhigte sie, nahm schnell die schöne

Lau auf seine Arme und trug sie zum Blautopf. Aber während er mit ihr hinunter zu ihrem Wasserschloß eilte, küßte er zärtlich ihren Mund. Da schlug die schöne Lau ihre Augen auf, und ehe sie zum zweiten Mal in Ohnmacht fiel, lachte sie endlich ihr fünftes, silber=helles Lachen.

Ihre Schwägerin hörte es und kam gleich angelaufen und mit ihr Dr. Faust, Dr. Veylland und Treuhaupt und das ganze Volk der Nixen und Wassermänner. Staunend sahen sie auf die ohnmächtige Königin, und dann begann die jüngste der Nixen zu kichern, ein Nöck stimmte ein, und schließlich lachten alle Wassergeister so laut, daß der Blautopf oben schäumte und brodelte, als ob er überkochen wolle. Davon kam die schöne Lau wieder zu sich. Sie klatschte in die Hände und befahl lachend, daß alles schnell zur Abfahrt vorbereitet würde. Inzwischen schwamm sie schnell noch einmal hinauf zum Nonnenhof, um sich zu verabschieden. Als Geschenk brachte sie der Wirtin einen wunderbaren Brummkreisel aus wasserhellem Stein, der mit einer goldenen Schnur an einem Halter von Ebenholz befestigt war.

„Dieser Kreisel, Frau Wirtin", sagte sie, „wird Euch und Euer Haus für alle Zeiten vor Streit und Ärger bewahren. Wenn Eure Gäste beim Tanzen und Zechen sich in die Haare geraten und Lärm machen, so braucht Ihr nur den Kreisel zu drehen. Dann ist Euer Haus im Nu von einer wunderbaren Musik erfüllt, der jeder lauschen muß. Und wenn sich alle beruhigt haben, so werft einfach Eure Schürze darüber, dann wird er wieder still."

Dann küßte die schöne Lau die Nonnenhof=Wirtin und ihre Tochter herzlich zum Abschied und bestieg ihr Schiff, das schon zur Abfahrt bereit lag. Es war leuchtend grün und durchsichtig wie das Wasser der Donau und hatte die Eigenschaft, ungesehen von den Menschen blitzschnell die größten Entfernungen zurückzulegen. So erreichte die ganze Gesellschaft noch am Abend des gleichen Tages das Schloß des Donaukönigs, der wartend am Ufer stand und seine schöne Lau glücklich in die Arme schloß.

Im folgenden Jahr aber gab der Flußgott das größte Fest, das je in seinem Schloß gefeiert worden war: Die schöne Lau hatte ihrem

Gatten einen Sohn geschenkt. Man kann sich vorstellen, wie froh das ganze Wasservolk der Donau darüber war. Die Ärzte und die Schwiegermutter aber hatten recht behalten: Die schöne Lau mußte nur ihr verlorenes Lachen wiederfinden, und alles war gut.
Wer feine Ohren hat, kann es manchmal noch an der Donau hören.

Der Wassermann im Rötenbach

Im Rötenbach, zwischen Donau und Federsee, haust ein ganz ungebärdiger Wassermann. In der Nacht kann man ihn gewaltig platschen und schnaufen hören, und manchmal poltert er so laut, daß es klingt, als ob er ein Dutzend Mühlsteine den Bach hinunterrollte.
Außerdem paßt dieser Wassermann aber genau auf, daß die Menschen, die am Rötenbach wohnen, nicht zu übermütig oder zu geizig werden. Dann bestraft er sie nämlich, und wenn er nicht in Wassermann=Gestalt zu den Bösewichten kommen kann, verwandelt er sich einfach.
Auf einen geizigen Bauer, der dicht am Rötenbach seinen Garten hatte und ihm die schönsten seiner Fische fing, hatte er es besonders abgesehen. Er nahm eines Tages die Gestalt einer schneeweißen Kuh an und fraß in kurzer Zeit das ganze Gras im Garten des Bauern ab. Als der kam und das Tier, das er noch nie in der Gegend gesehen hatte, einfangen wollte, verschwand es schnell im Rötenbach, und zwar mit demselben Getöse und Gepolter, das nachts immer der Wassermann zu veranstalten pflegte.
Doch das genügte dem Nöck noch nicht. In einer mondhellen Nacht wachte der Bauer davon auf, daß seine Obstbäume kräftig geschüttelt wurden und die Früchte nur so auf den Boden prasselten. Er ergriff einen dicken Stock, um die vermeintlichen Diebe zu vertreiben. Doch erstarrte er vor Schrecken, als er eine riesengroße Gestalt, die von Kopf bis Fuß in weiße, wehende Tücher gehüllt war, blitzschnell durch den Garten huschen, das Obst einsammeln und im Rötenbach

verschwinden sah. Keine einzige Frucht hatte der Wassermann ihm übriggelassen.
In Zukunft ließ er das Fischefangen bleiben und gab auch anderen, die weniger besaßen als er, hin und wieder von seinem Reichtum etwas ab. Seitdem hatte er Ruhe vor dem Wassermann im Rötenbach.

Der Natternberg

Am rechten Donauufer, gegenüber von Deggendorf, steht mitten in der Ebene ein seltsamer Felsen: der Natternberg. Auf seinem Gipfel trägt er die Ruinen eines Schlosses, das dem Grafen von Bogen gehörte und in dem einst Herzog Heinrich der Jüngere von Landshut erzogen wurde.
Wer den Natternberg sieht, wundert sich, wie er in die Donauebene gekommen sein mag. Das aber ging so vor sich:
Die Bewohner von Deggendorf waren für die ganze Umgebung ein Musterbeispiel an Frömmigkeit und Gottesfurcht. Solange sich die ältesten Bürger auch erinnern konnten, nie war je die kleinste Gaunerei im Ort vorgekommen, von Verbrechen ganz zu schweigen. Alle lebten in Frieden und Eintracht miteinander, und jeder gönnte seinem Nachbarn das, was er hatte. Im Himmel genossen die Deggendorfer das höchste Ansehen.
Das konnte natürlich dem Teufel nicht gefallen. Zunächst versuchte er mit allen Mitteln — und der Teufel hat bekanntlich sehr viele Möglichkeiten —, die Deggendorfer in Versuchung zu führen. Den einen versprach er Glück und Reichtum, den anderen Ruhm und Ehre. Als auch seine letzte Hoffnung fehlschlug, die er in die Zauberkräfte der verführerischen Donaunixen gesetzt hatte, gab er es auf, eine Deggendorfer Seele für sich zu gewinnen und beschloß, den ganzen Ort zu vernichten. Weit reiste er durch alle Lande, bis er endlich in Italien einen riesigen Felsblock fand, den er für seine bösen Zwecke geeignet hielt. Während er ihn im Flug durch die Lüfte zur Donau trug, malte

er sich in teuflischer Freude seinen Plan aus: Er wollte den Felsen bei Deggendorf mitten in die Donau werfen und damit eine riesige Überschwemmung verursachen, in der die ganze Ortschaft mit allen ihren Bewohnern untergehen sollte.
So kam er bis vor Deggendorf und sah schon die Stelle, an der er den Stein ins Wasser werfen wollte, als plötzlich die Abendglocke vom Kloster Metten zu läuten begann. In diesem Augenblick war der Teufel wie gelähmt und ließ den Felsen mitten ins flache Land fallen. Da liegt er heute noch.

Das G'hackelt

Unterhalb von Vilshofen gab es in der Donau eine gefürchtete Stromschnelle. Sie bestand aus lauter riesengroßen, geborstenen Felsblöcken und wurde deshalb das „G'hackelt" genannt. Auch sie hatte ihre Entstehung dem Teufel zu verdanken.
Es war zur Zeit der Kreuzzüge. Der große Kaiser Friedrich Rotbart rief im Jahre 1189 zu Regensburg ein mächtiges Heer zusammen, um das heilige Land von der Herrschaft der Heiden zu befreien. Fußvolk und Reiter zogen auf dem Landweg gen Osten, der Kaiser aber bestieg mit seinem Gefolge ein Schiff und fuhr seinem Heer voraus die Donau hinunter. Wo er vorbeikam, standen die Menschen zu Tausenden am Ufer, jubelten ihm zu und beteten zu Gott um seine erfolgreiche Rückkehr.
Der Teufel sah das natürlich mit größtem Mißbehagen. „Dieser Kreuzzug muß vereitelt werden!" sagte er sich. „Es wird also das beste sein, ihren Kaiser umzubringen. Dann werden die Truppen bald von allein auseinanderlaufen."
Er begab sich zur Donau. Unterhalb von Vilshofen riß er einen ganzen großen Berg aus und legte sich auf die Lauer. Sobald das kaiserliche Schiff käme, wollte er es unter den Gesteinsmassen begraben.
Schon aus einiger Entfernung erkannte Kaiser Friedrich den Teufel und sah mit einem Blick, was er vorhatte. Entsetzt dachte er an die

Folgen, die sein Tod für den geplanten Kreuzzug haben würde und wollte schon sich und sein Gefolge verloren geben, als sein Blick auf das Kreuz des Regensburger Bischofs fiel, der neben ihm stand. Schnell nahm er es ihm aus der Hand und hielt es in die Höhe, dem Teufel entgegen. Den verließen bei diesem Anblick seine bösen Kräfte. Er ließ erschrocken den Berg fallen, der vor des Kaisers Augen in tausend Stücke sprang. Doch nicht ein einziger Stein traf sein Schiff, das zwar etwas aus der Bahn geriet, aber unversehrt seine Fahrt fortsetzte.

Das „G'hackelt" aber bildete fortan eine Stromschnelle, deren Felsbrocken das Donauwasser an dieser Stelle zu einem schmalen, reißenden, brodelnden Strom machten und der Schrecken aller Schiffer waren. Viele fanden den Tod. Erst in späterer Zeit wurde an dieser Stelle gründlich aufgeräumt, und heute ist dort nicht mehr viel von der Arbeit des Teufels zu sehen.

LECH

Die Teufelsküche

Am Lech gibt es viele wilde Schluchten, die sich von seinen Ufern tief hinein ins Land ziehen. In ihren Wildwassern, Höhlen und Grotten wimmelt es nur so von Geistern und Spukgestalten. Wichtel und Holzweiblein haben hier ihre Wohnstätten. Hojemännchen, mit verfilztem Haar und Bart und ohne Mark in ihren dünnen Knochen, erschrecken den Wanderer durch ihr meckerndes Gelächter und haben ihren Spaß daran. Die Truden und Hexen aber halten in diesen unheimlichen Schluchten mit Vorliebe ihre Versammlungen ab. Dann steigen aus ihnen kleine, weiße Wolken hervor, als ob der Teufel persönlich sich sein Lieblingsessen kochte, und daher heißen sie Teufelsküchen.

Wer einmal einer solchen Versammlung beigewohnt hat, gehört für immer zum Bund der Unterirdischen und Hexen, und nur ein Wunder kann ihn daraus lösen.

Vor langer Zeit liebte ein junger Jäger ein Mädchen, das mit seiner Mutter in einem kleinen, verfallenen Haus am Lech wohnte. Das Mädchen war nicht nur schön, sondern auch liebenswürdig, fleißig, sanft und hatte ein gutes Herz. Seine Mutter aber war eine Hexe. Sie hatte keinen größeren Wunsch, als daß ihre Tochter auch eine Hexe würde und quälte das arme Mädchen täglich mit Bitten und Drohungen. „Obwohl ich dich leicht mit einem Zauberwort zum Gehorsam bringen könnte, will ich dich doch vorläufig nicht dazu zwingen", sagte sie eines Tages zu ihr. „Aber in der nächsten Vollmondnacht wirst du mit mir zum Hexentreffen in die Teufelsküche kommen.

Jede, die daran teilnimmt, hat den Wunsch, zu uns zu gehören. Wir wollen sehen, ob du dann nicht anderen Sinnes wirst!"

Das Mädchen hatte schon viel von diesen Zusammenkünften gehört, vor denen ihr grauste. Und sie wußte auch, daß ein teuflischer Zauber sie dort bestimmen würde, sich für immer dem Hexenbund anzuschließen. In ihrer Not ging sie heimlich zu ihrem Liebsten und erzählte ihm alles.

Der nahm sie in die Arme und tröstete sie. „Es ist wohl schlimm", sagte er, „aber habe nur Vertrauen zu mir. Wir lieben uns doch, und Liebe ist stärker als Hexenzauber!"

Sie verabredeten, daß das Mädchen ruhig mit seiner Mutter zur Hexenversammlung gehen solle. Der junge Jäger aber würde kurz vor Mitternacht versuchen, in die Teufelsküche vorzudringen und die Geliebte herauszuholen.

„Wenn es dir gelingt", sagte sie, durch seinen Zuspruch mutiger geworden, „kann kein Hexenzauber mir jemals wieder etwas anhaben. Du darfst aber weder nach rechts noch nach links sehen, sondern mußt unbeirrt und schweigend durch den Spuk hindurch, bis du mich gefunden hast."

So gingen sie auseinander und warteten auf die nächste Vollmondnacht. Als es so weit war, wunderte sich die Mutter des Mädchens sehr, daß ihre Tochter ihr ohne jeden Widerspruch folgte. Sie gingen zu Fuß, denn die Teufelsküche war nur wenige Minuten von ihrem Haus entfernt. Doch aus allen Himmelsrichtungen kamen die Hexen auf Besenstielen durch die Luft geritten und ließen sich unter Gekreisch und schrillem Gelächter am Versammlungsort nieder. Hunderte waren es, und zu ihnen gesellten sich eine Schar von Gespenstern und so gräßlichen Spukgestalten, daß das arme Mädchen wieder den Mut verlor. Sie alle würden versuchen, das Vorhaben ihres Liebsten zu vereiteln.

Je näher die Mitternachtsstunde rückte, desto wilder wurden Tanz und Gelächter. Becher mit einem scharfen, bitteren und doch süßen Getränk machten die Runde. Auch sie mußte daraus trinken und spürte, wie ihr Widerstand nachzulassen begann, bis sie sich auf

einmal fragte, warum sie sich denn eigentlich so lange gegen diese Zusammenkünfte gesträubt habe. Als ob er ihre Gedanken lesen könne, sagte in diesem Augenblick ein Teufel mit listigem Gesicht, der neben ihr saß: „Komm', Schöne, tanze mit mir! Es ist ja nur einmal Vollmond im Monat, die übrige Zeit kannst du ja deinem Geliebten gehören!"

Gerade wollte sie aufstehen, um ihm zu folgen, als sie auf einmal ihren jungen Jäger Schritt für Schritt den Wildbach heraufkommen sah, der durch die Schlucht brauste. Er ging fest und sicher, doch wie ein Schlafwandler hielt er den Blick nur auf sie gerichtet und achtete nicht auf das Hexen- und Geistervolk, das kreischend um ihn tobte und ihn am Weitergehen zu hindern suchte. Es zerrte an seinen Kleidern, riß ihm den Hut vom Kopf, umfing ihn mit schmeichelnden Armen, pustete ihm Schwefeldampf ins Gesicht, überschüttete ihn mit Wasser, er aber achtete nicht darauf.

Da rief das Mädchen seinen Namen und streckte ihm die Arme entgegen. Nur noch wenige Schritte trennten ihn von ihr, als der Teufel, der neben ihr saß, einen schrillen Pfiff ausstieß und sich wie ein Blitz aus Feuer und Schwefel auf den Jäger stürzte. Dem war zumute, als ob die Hölle über ihn hereinstürze. Doch obwohl er fast das Bewußtsein verlor, tat er unter äußerster Anstrengung die letzten Schritte bis zu seiner Braut und faßte ihre Hand. Im gleichen Augenblick erklang ein fürchterlicher Donnerschlag, und der ganze Spuk war verschwunden. Die beiden jungen Menschen standen allein in der Teufelsküche, nur der Vollmond schien hell und klar vom Himmel.

Sie haben bald darauf die Gegend für immer verlassen und sich im Donautal ein kleines Haus gebaut, wo sie mit ihren Kindern glücklich bis an ihr Ende lebten.

ISAR

Die Isarnixe

In der Isar hauste eine Nixe, ein schönes, gefährliches Wesen, das schon vielen Fischern und Flößern den Tod gebracht hat. Ihr Lieblingsaufenthalt ist das Isarwehr bei der Marienklause. Nie passierten früher die Flößer diese Stelle, ohne ein Vaterunser zu beten, das sie vor dem Lied der Isarnixe schützte. Denn wer es hörte, kam bei einer seiner nächsten Fahrten ums Leben. Noch am Ende des vorigen Jahrhunderts standen bei der Marienklause am Wehr eine Reihe von Marterln zum Gedenken an die Flößer, die hier in den Wellen der Isar ertranken. Auf einem war sogar im Bilde dargestellt, wie an dieser Stelle ein Flößer, dem Gesang der betörenden Nixe lauschend, nicht auf die wilden Strudel der Isar achtete und dadurch tödlich verunglückte.

Wenn ein Hochwasser bevorsteht, so huscht die Nixe im Abendnebel durch die Isarauen und hält nach einsamen Wanderern Ausschau. Sobald sie einen entdeckt, läßt sie auf ihrem grünen Haar und ihren zarten Händen kleine Flämmchen leuchten und tanzen. Es sieht so zauberhaft und eigenartig aus, daß der Wanderer seinen sicheren Weg verläßt und ihr folgt, bis plötzlich die Flut des Hochwassers ihn erfaßt und nie wieder freigibt. Ehe er das Bewußtsein verliert, hört er als letztes das helle Lachen der Isarnixe, die sich freut, wieder ein Opfer gefunden zu haben.

Auch auf der Hochzeit des Bayernherzogs Albert IV. mit Kunigunde, der Tochter Kaiser Maximilians, war die Isarnixe unerkannt unter den Gästen. Es war im Jahre 1487, und die Vermählung wurde mit fürstlichem Prunk gefeiert. Von nah und fern waren die hohen Gäste gekommen, und der Herzog hatte die besten Spielleute des Landes nach München holen lassen, wo sie beim Festessen und später zum Tanz musizierten.

Unter den fremden Musikanten war auch ein hübscher, lustiger junger Bursche, der meisterhaft die Sackpfeife spielte. Er kannte wunderbare Lieder, die am Herzogshof noch niemand gehört hatte, vor allem aber ahmte er auf seinem Instrument Vogel= und Tierstimmen so täuschend nach, daß alle ganz begeistert waren.

Am nächsten Tag lud der Herzog zu einem Ausflug nach seinem Jagdschloß Grünwald ein. Ein junges Edelfräulein, das der Spielmann am Hochzeitstag nicht unter den Gästen gesehen hatte, wich nicht von seiner Seite und bat ihn immer von neuem um eine Probe seiner Kunst. Sie hatte blondes Haar, auf dem die Sonnenstrahlen grüngoldene Lichter tanzen ließen, grünschimmernde Augen, trug ein grünseidenes Kleid, das mit wasserhellen Edelsteinen bestickt war, und grüne Schuhe. Der junge Spielmann wurde vor Freude und Stolz ganz übermütig, weil die schöne Fremde nur ihn zu sehen schien und sich lange mit ihm unterhielt.

Sie führte ihn schließlich ein wenig beiseite von der Festgesellschaft, und als sie allein am Ufer der Isar standen, sah sie ihn aus ihren rätselhaften Augen herausfordernd an und sagte: „Daß du ein guter Musikant bist, weiß ich nun. Aber bist du auch ein mutiger Mann? Bist du bereit, dein Leben zu wagen? Ich will dich wunderbar belohnen, wenn du es tust!"

Ohne den Blick von ihr zu wenden, sagte der Spielmann sofort: „Ich werde es dir beweisen. Sage mir, was du von mir erwartest!"

Da lachte die Schöne übermütig, riß sich ihr Geschmeide vom Hals und warf es weit hinein in die Isar. „Da, bring' es mir zurück!" rief sie. „Wenn du wiederkommst, erfülle ich dir jeden Wunsch!"

Der junge Spielmann zögerte keine Sekunde. Er stürzte sich tollkühn in den reißenden Fluß. Doch ehe die Wellen über ihm zusammenschlugen und ein Strudel ihn auf den Grund riß, hörte er ein seltsames, wildes Lachen. Niemand sah ihn jemals wieder.

Auch das Edelfräulein war von dieser Stunde an verschwunden, so sehr man nach ihr suchte. Denn obwohl niemand das Geschehen beobachtet hatte, vermutete jeder, daß sie schuld sei am Tode des lustigen Spielmanns.
Von diesem Tage an hört man an der Stelle, die ihm zum Verderben wurde, oft einen geisterhaften Lockruf. Doch wer im folgt, kommt nie zurück.

Der Hachinger Bach

Vor vielen, vielen Jahren war der Hachinger Bach noch ein tiefer, wasserreicher Graben, dessen Flußbett ganz anders verlief als heute und der kurz vor Harlaching in die Isar mündete. An seinem Ufer, bei Perlach, stand eine große, stattliche Mühle, zu der die Bauern von nah und fern kamen, um ihr Korn mahlen zu lassen. Es war ein schöner Besitz, der viel Geld einbrachte. Doch die Inhaber, zwei Brüder, lebten nicht glücklich darin. Ständig stritten sie darum, wer von beiden das größere Anrecht auf die Mühle habe, und obwohl beide mehr verdienten, als sie je zum Leben brauchten, konnten sie sich nicht einigen und wurden immer mehr von Haß und Neid gegeneinander erfüllt.
An einem schönen, strahlenden Sommernachmittag, der alle anderen Menschen froh und heiter stimmte, hatten sie sich, wie schon so oft, in der Stube eingeschlossen und stritten. Dabei gerieten sie so heftig aneinander, daß es zu einer wüsten Schlägerei kam, die sie schließlich nur auf das Bitten und Flehen ihrer Frauen hin beendeten.
In der folgenden Nacht aber nahm der jüngere Bruder eine Schaufel und schlich heimlich aus dem Haus, ein gutes Stück bachaufwärts. Dort begann er ein neues Bett für den Bach zu graben, um das Wasser oberhalb der Mühle auf einem anderen Weg in die Isar zu leiten. In seiner Wut sagte er dabei immer wieder vor sich hin: „Lieber soll die Mühle stillstehen für alle Zeiten und verkommen, als daß mein Bruder den größeren Anteil an ihr hat!"

Auf einmal überkam ihn das Gefühl, daß hinter ihm jemand stehe. Als er sich schnell umwandte, sah er seinen Bruder, der gerade zuschlagen wollte. Wieder begannen sie miteinander zu ringen, bis der jüngere seine Schaufel greifen konnte und damit seinen Bruder tötete. Dann lief er fluchend davon.

Von diesem Tag an stand die Mühle verlassen und verfiel schließlich. Heute ist keine Spur mehr von ihr zu sehen. Der Hachinger Bach aber floß weder in seinem alten noch in dem neuen Bett weiter. Er versickert seitdem dort spurlos in den Boden, wo ein Bruder den anderen erschlug.

ACHE

Swanhilde

Vor sehr langer Zeit ging einmal ein junger Jäger im Watzmann=Gebirge auf die Jagd. Er hatte ein Murmeltier aufgespürt, dem seine Hunde nun mit lautem Gebelle nachsetzten. Immer höher hinauf flüchtete das Tierchen, und immer weiter folgten ihm Jäger und Hunde, bis es plötzlich seinen Bau gefunden zu haben schien und blitzschnell in der Röhre verschwand.
Der junge Jäger aber stand außer sich vor Freude hoch oben auf dem Felsgrat. Steil fiel der Berg zu seinen Füßen ab, mehr als tausend Meter. Und unten in der Tiefe, umgeben von hohen Felswänden, lag ein See, den vor ihm noch niemand entdeckt hatte. „Das ist der König aller Seen!" rief der Jäger entzückt und gab ihm damit seinen Namen: Königssee.
Er pfiff seine Hunde herbei. „Heute ist's vorbei mit der Jagd!" rief er ihnen lachend zu und machte sich an den Abstieg. Er mußte sich unbedingt dieses geheimnisvolle Gewässer einmal aus der Nähe betrachten!
Unten angekommen, schien ihm die Welt wie verzaubert. Vollkommen einsam lag der wunderbare See in seinem Felsenbett. Nur ein schneeweißer Schwan zog lautlos über das grüngoldene Wasser. Der Jäger suchte aus seiner Tasche ein Stück Brot und warf es dem schönen Tier zu, zugleich hielt er seine Hunde zurück, die drauf und dran waren, sich ins Wasser zu stürzen. Da kam der Schwan zutraulich näher. Er stieg ans Ufer, schüttelte sein Gefieder und verwandelte sich mit einem Mal in eine wunderschöne Frau mit goldenem

Haar und in seegrünen Gewändern. Es war Swanhilde, die Nixen=königin des Sees.
Sie erzählte dem jungen Jäger, daß er der erste und einzige Mensch sei, der sie je zu Gesicht bekäme, denn nur wer den seit tausend Jahren verborgenen See entdecke, könne auch seine Königin sehen. Dann brach sie aus einer goldenen Ader in der Felswand so viel Gestein, wie der Jäger tragen konnte und packte es in seine Tasche. „Hole deine Frau und deine Kinder", sagte sie beim Abschied zu ihm, „und baut euch ein Haus im Tal der Ache, wo sie aus dem Königssee durchs Berchtesgadener Land fließt."
Der Jäger dankte ihr und versprach, ihrem Rat zu folgen.
Bald darauf stieg er mit seiner jungen Frau und seinen beiden kleinen Kindern zum zweiten Mal über den Watzmann hinunter zum Königs=see. Am Ufer der Ache fanden sie eine kleine, von Eichen und Linden umstandene Wiese, auf der sie ihr Haus bauten. Dort lebten sie viele Jahre lang glücklich und zufrieden von Wild aus den Bergen und Fischen aus dem See, und an schönen Abenden kam manchmal Swan=hilde in Menschengestalt zu ihnen und spielte mit den Kindern.
Eines Tages aber erkrankte die Frau des Jägers schwer, und bald darauf mußten sich auch die Kinder niederlegen. Not und Elend zogen in dem bisher so friedlichen Haus ein. Die Krankheit schien nicht weichen zu wollen, und als Frau und Kinder nach vielen Wochen endlich genasen, waren alle Ersparnisse aufgezehrt und die Familie in tiefe Schulden geraten.
In seiner Verzweiflung fuhr der Jäger mit seinem Boot, das er aus einem Baumstamm geschnitzt hatte, weit hinauf auf den See, um die Hilfe der Nixenkönigin zu erbitten.
Wie damals, als er ihr zum ersten Mal begegnete, sah er sie als weißen Schwan über das grüngoldene Wasser ziehen. Doch diesmal nahm sie keine Menschengestalt an, sondern schwamm nach Norden, in Richtung der Ache, und bedeutete ihm, ihr zu folgen. So fuhr er ihr nach, den Fluß hinunter, an seinem Haus vorbei in das weite Tal von Berchtesgaden. Am Haselgebirge machte Swanhilde halt. Sie stieg ans Ufer, schüttelte ihr weißes Gefieder und wurde zu der schönen Seekönigin, die er

kannte. Dann schlug sie mit einer Rute an die Felswand, die sich vor ihnen auftat und führte den Jäger in einen riesigen Salzberg. „Hier findest du Arbeit und Reichtum genug für dich und die deinen", sagte sie lächelnd.

Der Jäger dankte ihr überglücklich. Schon am nächsten Tag bereitete die Familie ihre Umsiedlung vor. Sie bauten sich ein neues Haus am Salzberg, in dem Vater und Kinder zu arbeiten begannen. Der Jäger zähmte auch Tragtiere, auf denen er das abgebaute Salz weiter ins Land führte und verkaufte. Von nun an erging es ihnen wohl bis an ihr Ende. Swanhilde aber besuchten sie alljährlich einmal, um ihr für das Glück zu danken, das sie ihnen schenkte.

TRAUN

Heinz von Stein

An der Traun, nicht weit von Trostberg entfernt, stehen zwei alte Ritterburgen, die eine am Fuß, die andere auf der Höhe eines steilen Felsens. Sie sind verbunden durch einen breiten, in den Fels gehauenen Gang. Auch gibt es dort viele unterirdische Keller und einen tiefen, heute ausgetrockneten Brunnen, der früher mit Traunwasser gefüllt war.

Die beiden Burgen gehörten dem Raubritter Heinz von Stein. Mit seinen Kumpanen machte er von hier aus das ganze Land unsicher und war überall verhaßt und gefürchtet. Er plünderte jeden Kaufmannszug auf der Straße, die von Augsburg nach Salzburg führte, raubte den Bauern das Vieh aus den Ställen und die Ernte aus den Scheunen. Seine Gefangenen schleppte er in die Keller unter seiner Burg und quälte und erpreßte sie dort so lange, bis sie ihm jedes Lösegeld versprachen, das er verlangte. Konnten sie es jedoch nicht zahlen, so ließ er sie lebend in den tiefen Brunnen werfen.

Trostberg war damals noch keine Stadt, nicht einmal ein Dorf: Es bestand aus einem einzigen Gehöft, dessen Bewohner ihres Lebens nicht mehr froh wurden, seit der schreckliche Ritter von Stein Waltraud, der einzigen Tochter des Bauern, seine Liebe erklärt hatte. Das junge Mädchen war entsetzt über das Ansinnen, die Frau des wüsten Raubritters werden zu sollen, und hatte ihm deutlich zu verstehen gegeben, was sie von ihm hielt.

Seitdem ließ Heinz von Stein regelmäßig in kurzen Abständen den Maierhof durch seine Knechte plündern. Er selbst aber schlich eines

Nachts durch einen unterirdischen Gang, den er heimlich von seiner Burg nach dem Hof hatte graben lassen und raubte Waltraud. Auf seinem Schloß übergab er sie seinem zuverlässigsten Knappen zur Bewachung, bis sie anderen Sinnes geworden sei.

Der junge Ritter aber war der Sohn eines Edelfräuleins, das Heinz von Stein vor vielen Jahren entführt und später mit Schimpf und Schande davongejagt hatte. Heinz von Stein aber wußte das nicht, und er ahnte noch viel weniger, daß sein leiblicher Sohn nun als Knappe bei ihm diente und nur gekommen war, um die Schande seiner Mutter zu rächen.

Sobald der junge Mann Waltraud gesehen hatte, wußte er, daß er alles tun würde, um dem unglücklichen Mädchen zu helfen. Sie war so schön, und ihr Kummer rührte ihn. Je länger er wartete, desto wahrscheinlicher schien es, daß der Raubritter wieder ihren väterlichen Hof überfallen würde, um Waltraud gefügig zu machen.

Am nächsten Tag bat der junge Ritter Waltraud, ihm zu vertrauen. Sie solle sich ruhig verhalten und auf ihn warten, denn er käme bald zurück, um sie zu befreien und nach Hause zu führen. Damit verschloß er das Verlies, in dem sie gefangen saß und suchte seinen Vater auf. Er gab sich ihm zu erkennen und bat den Raubritter, um seiner Mutter willen ein einziges Mal im Leben eine gute Tat zu vollbringen und Waltraud nach Hause gehen zu lassen.

Heinz von Stein aber geriet außer sich vor Wut. Er zog den Dolch und stürzte sich auf seinen Sohn. In dem schrecklichen Zweikampf gelang es dem jungen Ritter, seinem Vater das Messer zu entwinden, mit dem er ihn erstach. Dann eilte er, ehe die Raubknechte seines Vaters etwas bemerkten, zurück zu Waltraud, und beide flohen miteinander in ihr Elternhaus. Dort wurde sofort ein reitender Bote nach Wasserburg geschickt, um Hilfe herbeizuholen. Wenige Tage darauf gelang es den Wasserburgern, die beiden Schlösser des Raubritters zu zerstören und seine Knechte, soweit sie nicht geflohen waren, gefangenzunehmen.

Der tapfere junge Ritter aber und Waltraud feierten Hochzeit und wurden ein glückliches Ehepaar.

DRAU

Der Flößer und die salige Frau

Als das Osttiroler Drautal noch eine wilde, unzugängliche Gebirgsgegend war, die nur wenige Menschen bewohnten, lebten dort in den Höhlen und Grotten der steilen Felsufer die saligen Frauen. Man erkannte sie an ihren weißen Gewändern, ihrem schönen, langen Haar und ihren sanften Stimmen, die wie das Murmeln eines Gebirgsbaches klangen. Weil sie nicht gern allein waren, besuchten sie häufig die Menschen, unterhielten sich freundlich mit ihnen, gaben gute Ratschläge und halfen ihnen, wenn sie in Not waren. Auch dort, wo das Drautal sich erweitert und die Berge zurücktreten, begegnete man ihnen, denn sie baten gern die Flößer, sie ein Stück auf ihrer Fahrt mitzunehmen. Die taten das gern, denn wenn eine salige Frau auf dem Floß mitfuhr, konnten ihm Wehre, Wellen und Strudel nichts anhaben. Nur durfte man ihnen niemals einen Lohn für ihre Hilfe anbieten, denn dann verschwanden sie und kamen nie zurück.

An einem schönen Sommerabend war ein junger Flößer aus Lienz auf der oberen Drau unterwegs. Er hatte sich verspätet, weil er die schweren Baumstämme, aus denen sein Floß zusammengefügt war, nur mit Mühe durch den reißenden Fluß brachte und konnte sich doch nicht entschließen, seine Fahrt für die Nacht zu unterbrechen. Die Stämme sollten am nächsten Tag rechtzeitig in der Sägemühle sein, und außerdem wußte er, daß seine alte Mutter in Lienz auf ihn wartete und sich Sorgen machen würde, wenn er nachts nicht zurückkäme.

Doch je mehr es dunkelte, desto schwieriger und gefährlicher wurde seine Fahrt. Schon dachte er daran, doch am Ufer haltzumachen, als

er plötzlich auf einem Felsblock mitten im Fluß eine helle Gestalt sitzen sah, die ihm winkte. Als er sich ihr näherte, rief sie ihm mit der unverkennbaren Stimme der saligen Frauen zu: „Nimm mich mit auf deinem Floß, dann wirst du schnell und sicher dein Ziel erreichen!"
Der junge Flößer atmete erleichtert auf. Er hatte schon viel von diesen geheimnisvollen und hilfsbereiten Geisterfrauen gehört, war aber noch nie einer begegnet.
Schweigend lenkte er sein Floß dicht an den Stein, ergriff die schmale, kühle Hand, die sie ihm entgegenstreckte und zog sie zu sich herüber. Dabei streifte ihr langes, weiches Haar seine Wange und sein Herzschlag stockte einen Augenblick.
„Wohin willst du?" fragte sie.
„Nach Lienz", antwortete er befangen.
„Das ist noch ein gutes Stück. Warum bleibst du nicht zur Nacht am Ufer und fährst früh weiter?"
„Weil das Holz in die Mühle muß und meine alte Mutter zu Hause auf mich wartet."
„Erzähle mir von deiner Mutter!" bat ihn da die salige Frau.
Er berichtete ihr, daß er bei Lienz mit seiner Mutter am Ufer der Drau ein Häuschen bewohne, daß seine Mutter schwach und hilfsbedürftig sei und ganz auf ihn angewiesen.
So unterhielten sie sich, und die Zeit verging wie im Fluge. Viel früher, als er geglaubt hatte, waren sie in Lienz.
Die Mutter des jungen Flößers wunderte sich sehr über den Besuch, den ihr Sohn ins Haus brachte und musterte ihn mißtrauisch. Aber die salige Frau ging ihr so hilfsbereit zur Hand und erzählte so wunderbare Dinge von ihrem Leben in einer verborgenen Felsengrotte am Ufer der Drau, daß sie ihren anfänglichen Ärger vergaß und die Fremde sogar bat, noch ein paar Tage bei ihnen zu bleiben und ihr Gast zu sein.
Aus einigen Tagen aber wurden Wochen. Der junge Flößer hatte sich nämlich bis über beide Ohren in das geheimnisvolle Wesen verliebt, das so ganz anders war als alle Mädchen, die er kannte. Er konnte es kaum erwarten, von seinen Fahrten nach Hause zu kommen, wo sie

mit leichter Hand und fast unmerklich alles in Ordnung hielt und für seine Mutter sorgte. Eines Tages faßte er sich ein Herz und fragte sie, ob sie seine Frau werden wolle. Als sie ihn küßte und ihm ihr Jawort gab, hielt er sich für den glücklichsten Menschen auf der ganzen Welt.

Freudestrahlend sprach er am Abend mit seiner Mutter darüber. Die aber geriet außer sich bei dem Gedanken, daß eine salige Frau ihre Schwiegertochter werden sollte und flehte ihn an, noch etwas zu warten und alles noch einmal zu bedenken.

Jedesmal, wenn er nun nach Hause kam, nahm sie ihn beiseite und erzählte ihm, was ihr in der Zwischenzeit an der Fremden aufgefallen war. „Hast du schon bemerkt, daß sie immer so merkwürdig kühle Hände hat?" fragte sie. Oder: „Warum trägt sie bloß ihr Haar so lang und nicht aufgesteckt wie die anderen Mädchen?" Dann wieder fragte sie: „Möchtest du denn wirklich eine Frau haben, die jeder gleich an ihrem langen weißen Gewand als eine Salige erkennt?" Am meisten aber störte es sie, daß die Geliebte ihres Sohnes niemals eine menschliche Speise zu sich nahm, denn das tun die saligen Frauen nicht.

Der junge Flößer winkte anfangs ärgerlich ab, wenn er diese heimlichen Vorwürfe seiner Mutter hörte. Aber mit der Zeit begann er doch darüber nachzudenken. Hatte seine Mutter in manchen Dingen vielleicht doch recht? Wie würden seine Freunde und Bekannten die Fremde aufnehmen? Liebte er sie genug, um ihr seltsames Wesen ein Leben lang zu ertragen?

„Aber was soll ich denn tun?" fragte er endlich seine Mutter, als sie ihm eines Abends wieder besonders heftig zugesetzt hatte. „Ich habe ihr die Ehe versprochen, und sie hat mir ihr Jawort gegeben!"

„Folge meinem Rat", antwortete seine Mutter und atmete erleichtert auf. „Vielleicht hat sie selber schon darüber nachgedacht und wird dir gar nicht böse sein. Sprich offen mit ihr und sage, daß wir sie gut für alle Hilfe belohnen wollen und sie ja ruhig noch etwas bei uns bleiben kann, nur nicht als deine Frau."

Der junge Flößer konnte in der folgenden Nacht kein Auge zutun.

Doch am Morgen sprach er mit der Geliebten, wie seine Mutter ihm geraten hatte.

Die salige Frau aber sah ihn nur schweigend an, und ihre großen Augen, die graugrün schimmerten wie das Wasser der Drau, füllten sich mit Tränen. Wortlos wandte sie sich ab und ging hinunter zum Wasser. Dort verschwand sie, und der junge Flößer sah sie niemals wieder, so sehr er sie auch suchte.

NAB

Die versteinerten Riesen

Die Burg Falkenberg in der Oberpfalz wurde von dem Stammvater eines Riesengeschlechtes erbaut, das von dort aus viele Jahrhunderte lang das umliegende Land beherrschte. Es waren wilde Gesellen, und jedermann fürchtete sie. Vor allem Mädchen und junge Frauen waren nicht sicher vor ihnen, denn sie holten sich, was ihnen gefiel und fragten nicht danach, ob es recht oder unrecht sei.

Wieder einmal hatte ein Ritter von Falkenberg es auf ein Mädchen im nahegelegenen Ort abgesehen. Nachdem er ein paarmal vergeblich versucht hatte, ihre Aufmerksamkeit zu erregen, beschloß er, sie gewaltsam auf seine Burg zu holen.

Eines Tages, als er mit seinen Gesellen auf der Jagd war, traf er sie beim Holzsammeln im Wald. Aber das Mädchen erkannte rechtzeitig die Gefahr und versuchte, zu fliehen. Verfolgt von den wilden Reitern, rannte sie verzweifelt über Stock und Stein, bis sie plötzlich hoch oben auf dem steilen Ufer der Nab stand. Da beschloß sie, eher zu sterben, als dem schrecklichen Riesen zu gehören. Sie schlug das Kreuzeszeichen und sprang mit geschlossenen Augen hinunter in die Tiefe. Doch das Wasser umfing sie wie mit sanften Armen und trug sie auf einer Woge hinüber ans andere Ufer. Ihre Verfolger aber, die auf Geheiß des Riesen ihr nachsetzten, erstarrten zu Stein in den Wellen der Nab. Noch heute sieht man an dieser Stelle eine Gruppe von Felstrümmern, die wie die Gebeine versteinerter Riesen aus dem Wasser ragen.

STEINACH

Das graue Männchen

Auf dem Weg nach Untersteinach entspringt in einer Mulde am Eichberg eine Quelle. Sie heißt der „geweihte Brunnen", und ihr Wasser fließt als kleiner Bach in die Steinach. Dort begegnet einsamen Wanderern manchmal ein kleines graues Männchen, das sie eine Strecke begleitet und dann plötzlich im Brunnen verschwindet.
Das Männchen ist der Geist eines Brunnenbauers, der einst bei Untersteinach lebte. Jahrelang war er der einzige Meister seines Handwerks in der Gegend und hatte schon viele Brunnen gebaut. Eines Tages hörte er, daß der Markgraf in Kulmbach einen besonders schönen Brunnen errichten lassen wolle, und da es so gut wie sicher schien, daß er den ehrenvollen Auftrag erhalten werde, machte er sich sofort auf den Weg nach der Stadt. Dort aber erfuhr er, daß ursprünglich wohl die Wahl auf ihn gefallen sei, dann aber sei ein anderer, ein Brunnenbauer aus Italien, damit beauftragt worden.
Von diesem Tag an erfüllten Neid und Mißgunst sein Herz. Er dachte nicht mehr daran, daß er noch an anderen Orten genügend Arbeit finden werde, sondern überlegte Tag und Nacht, wie er dem Fremden, der nun an seiner Stelle für diese Arbeit geehrt und weitum bekannt werden würde, schaden könne.
inzwischen setzte er seine begonnene Arbeit an der Quelle droben am Eichberg fort, und dabei hatte er einen bösen Einfall. In der Nacht, die dem Tag folgte, an dem der Kulmbacher Brunnen fertiggestellt und feierlich eingeweiht worden war, verließ er heimlich sein Haus in Untersteinach. Er begab sich nach Kulmbach, schüttete Gift in das

Wasser des neuen Brunnens und ging dann sofort und ungesehen wieder nach Hause. Dort setzte er sich hin und schrieb einen Brief an das hohe Gericht. Er behauptete darin, er wisse aus sicherer Quelle, daß der fremde Brunnenbauer aus Italien einen Pakt mit dem Teufel geschlossen habe, denn nur so sei es ihm möglich gewesen, den Brunnen in so kurzer Zeit und so bewunderungswürdig zu errichten. Er habe auch einen Beweis für seine Anklage: Die Kulmbacher sollten einen Hund vom Wasser des Brunnens trinken lassen. Dieser werde auf der Stelle daran sterben, denn das Wasser sei vom Teufel vergiftet worden.

Diesen Brief schickte er sofort durch einen Boten nach Kulmbach, wo er begreiflicherweise große Aufregung verursachte. Ein Hund wurde geholt, dem man das Wasser vom neuen Brunnen trinken ließ — und tatsächlich, er starb auf der Stelle.

Dem unglücklichen Brunnenbaumeister aus Italien wurde der Prozeß gemacht. Doch so qualvoll man ihn auch auf der Folter befragte, er beteuerte immer wieder seine Unschuld und schwor bei Gott, daß ein Bösewicht das Wasser vergiftet haben müsse. Als er zu keinem Geständnis zu bringen war, beschloß man, ihn freizugeben. Doch er starb wenige Stunden später an seinen Verletzungen.

In der folgenden Nacht aber wurden die Nachbarn des Brunnenmeisters zu Untersteinach durch ein entsetzliches Poltern und Schreien aus dem Schlaf geschreckt. Als sie herbeiliefen, fanden sie den Mann furchtbar entstellt und mit gebrochenem Genick in seiner Stube am Boden. Niemand hatte gesehen, wer ihn tötete, doch von Mund zu Mund sprach es sich herum und wurde schließlich zur Gewißheit, daß nur er der Übeltäter gewesen sein konnte, der den Fremden hatte an den Galgen bringen wollen und nun zur Strafe vom Teufel geholt worden sei. Seitdem geistert er in der Gestalt des kleinen grauen Männchens am „geweihten Brunnen" vom Eichberg und wartet auf einsame Wanderer. Er hofft, eines Tages unter ihnen einen Menschen zu finden, der frei von Sünden ist und ihn durch ein Segenswort erlösen kann.

ODER – KLODNITZ

Der gefangene Wassermann

In Oberschlesien, vom Burgberg bei Tost, fließt ein Gebirgsbach, der in die Klodnitz mündet. An ihm stand früher eine alte Mühle. Nach Sonnenuntergang war es dort nicht recht geheuer, und die Leute fürchteten sich, nachts vorbeizugehen. Auch die Mühlenbewohner achteten darauf, in der Dunkelheit dem Mühlrad nicht nahe zu kommen, denn es ließen sich unheimliche Stimmen vernehmen, die manchmal durch ein schreckliches Geheul unterbrochen wurden.
Eines Tages kam vergnügt und singend ein Spielmann daher und bat die Müllersleute um Nachtquartier. Sie nahmen ihn freundlich auf, und da er ein kluger und aufgeweckter Bursche zu sein schien, erzählten sie ihm im Laufe des Abends von den Sorgen, die ihnen das dauernde Rumoren bereitete. Denn kein Knecht und keine Magd hielten es lange in der Mühle aus, weil sie sich fürchteten.
„Das kann niemand anders sein, als der Wassermann aus der Klodnitz!" sagte der Spielmann sofort. „Tagsüber schläft er unten im Fluß, aber bei Sonnenuntergang wird er munter, kommt den Bach herauf und spukt bei eurer Mühle. Den wollen wir schon kriegen!"
Eine Stunde später, um Mitternacht, ging er unerschrocken hinaus in die Dunkelheit zum Mühlrad, wo bereits wieder die gräßlichen Laute ertönten. Die Müllersleute aber lugten ängstlich aus dem Fenster der Mühlstube, um zu sehen, was er ausrichten würde. Der Wassermann ließ auch nicht lange auf sich warten, denn er ärgerte sich, daß einer es wagte, in seinen Bereich vorzudringen. Gleich wollte er den Spielmann hinunter ins Wasser ziehen. Der aber nahm seine Flöte in die

linke Hand und spielte darauf ein schönes, seltsames Lied. Dann schlug er, wieder mit der Linken, dreimal ein Kreuz. Nun ergriff er einen langen Strohhalm, in den er mit der linken Hand drei Knoten knüpfte, und fesselte damit den Wassermann. Der hatte vom ersten Flötenton an verzaubert stillgestanden und ließ alles mit sich machen. Der Spielmann zog den Wassermann hinter sich her in die Stube und band ihn hinter dem Kachelofen fest. „So", sagte er zu den Müllersleuten, „von jetzt an habt ihr Ruhe vor dem Kerl! Nur darf er keinen Tropfen Wasser bekommen, sonst ist er wieder frei und wird sich vielleicht rächen wollen für diese Behandlung."

Von nun an hatten die Leute in der Mühle ihre Ruhe, und weder Knecht noch Magd liefen ihnen mehr davon. Der Wassermann blieb monatelang hinter dem Ofen und rührte sich nicht.

Eines Tages aber gab es draußen auf dem Feld so viel zu tun, daß alle Leute aus der Mühle hinausgingen und nur die kleine Müllerstochter zu Hause blieb. Sie spielte artig in der Stube mit ihrem Ball, bis der auf einmal hinter den Ofen rollte, direkt zwischen die riesigen Flossenfüße des Wassermanns. Der nützte natürlich sofort die Gelegenheit und begann herzerweichend zu jammern und das Kind um eine Tasse Wasser zu bitten.

Die Kleine wußte zwar, daß die Eltern ihr verboten hatten, auch nur ein Wort mit dem Wassermann zu sprechen oder ihm gar etwas zu trinken zu geben, aber weil er so unglücklich aussah und so herzlich bat, lief sie schnell in die Küche und brachte ihm ein Glas Wasser. Kaum aber hatte er den ersten Schluck getrunken, als seine Fesseln sich lösten.

Es war ein Glück für die Kleine, daß er kein rachsüchtiger Wassermann war. Er bedankte sich sogar noch höflich bei ihr, ehe er schnell auf Nimmerwiedersehen verschwand. Die Behandlung, die ihm in der Mühle widerfahren war, hatte ihm nämlich so wenig gefallen, daß er es vorzog, sich an einem anderen Ort anzusiedeln. Nur eine lange, nasse Spur vom Kachelofen aus dem Haus zum Bach verriet, in welcher Richtung er gegangen war.

NEISSE

Die Pest im Nebel

An der Neiße bei Muskau gibt es eine Stelle, die tief vom Wasser unterspült ist. Sie heißt „das böse Ufer". Früher soll dort die Pest im Nebelgewand umhergegangen sein, und wer ihr begegnete, mußte um sein Leben kämpfen.

Ein Holzfäller aus einem Dorf an der Neiße hatte den ganzen Tag im Wald gearbeitet und ging nun müde und erschöpft seinem Haus zu. Plötzlich sah er über die Heide einen langen, weißen Nebelstreif auf sich zukommen. Grauen packte ihn, denn er hatte schon viel von der Pest gehört, die hier abends umgehen sollte. Er begann zu laufen, so schnell er konnte, doch der Nebel folgte ihm, holte ihn ein und hockte sich auf seine Schultern wie eine schwere Menschengestalt, die ihren weiten, weißen Mantel um ihn schlug. Da wußte er, daß er von der Pest befallen war. Wie eine Zentnerlast lag sie auf ihm und beklemmte ihm die Brust, so daß er kaum atmen konnte. Dennoch lief er mit seiner letzten Kraft über die Heide, auf einen Hügel und wieder hinunter ins Tal. Dabei arbeiteten seine Gedanken fieberhaft: Was sollte er nur tun? Nach Hause wollte er nicht, denn dann würde er die schreckliche Krankheit erst auf die Seinen und später auf das ganze Dorf übertragen. Da sah er auf einmal die Neiße vor sich: Er war am bösen Ufer. Verzweifelt und weil er keinen anderen Ausweg sah, rannte er hinunter ans Wasser und stürzte sich hinein. Er wollte lieber sofort sterben als an der Pest zugrunde gehen. Doch sobald er in dem eiskalten Wasser war, spürte er auf einmal, wie der schreckliche Druck von ihm wich. Er konnte wieder frei atmen und ließ sich von der Strömung bis in die Nähe seines Hauses treiben. Als er sich umwandte, sah er den Pestnebel über die Heide davonziehen und in einem Hügel verschwinden, der sich öffnete und hinter ihm wieder schloß.

Kalt und durchnäßt, doch überglücklich traf der Holzfäller zu Hause ein. Seitdem wagte sich niemand mehr in der Abenddämmerung in die Nähe des bösen Ufers.

ORLA

Der Tod an der Orla

Beim Kupferhammer, in der Nähe von Neuenhofen, hatte lange Zeit der Tod einen Lieblingsplatz. Vor allem im Frühjahr saß er oft um die Mittagsstunde in der Gestalt eines ungeheuren, knochigen Riesen auf dem platten Gipfel eines runden Berges und plätscherte mit den Füßen in der Orla, die tief drunten im Tal entlangfloß. Dann war es lebensgefährlich, an dieser Stelle mit dem Boot vorüberzufahren, denn die Strömung riß es unweigerlich zwischen die Zehen des Knochen=mannes, wo es kenterte. Sobald der Tod wieder ein Opfer gefunden hatte, erhob er sich, kehrte sein Gesicht von Süden nach Westen und stieg über die Berghöhe zur alten Kapelle von Grobitz. Dort begann er die Totenglocke zu läuten, und dann wußten die Menschen weit und breit, daß wieder ein Schiffer in der Orla ertrunken war.
Lange Zeit war der Riese auf dem Totenstein, wie man den Berg nach ihm nannte, der Schrecken der ganzen Gegend. So sehr sich die Leute auch den Kopf zerbrachen, wie man ihn vertreiben könne, fiel doch niemand ein Ausweg ein. Endlich gelang es einem zwölfjährigen Bu=ben, ihn zu überlisten.
Hans war der Sohn eines Fischers, den der Tod vor einem Jahr in der Orla geholt hatte. Da er ohne Geschwister war, sorgte er seitdem für seinen und seiner Mutter Lebensunterhalt. Weil seine Mutter ihn so sehr darum bat, mied er lange Zeit die gefährliche Stelle unter dem Totenstein, doch er wußte, daß dort der allerbeste Fischgrund lag. An einem schönen, klaren Frühjahrstag saß er wieder einmal am Ufer und betrachtete bedrückt seinen spärlichen Fang. Das Geld, das er

dafür bekommen würde, reichte nicht einmal für das Essen am nächsten Tag, und obwohl seine Mutter nie ein Wort darüber verlor, fühlte er doch, wie sehr sie sich um die Zukunft sorgte und sich täglich fragte, wovon sie leben sollten. Mit einem Mal stand sein Entschluß fest. Er ging ins Haus und holte sich eine lange Stange mit einer Eisenspitze. Dann machte er das kleine Boot los und ließ sich die Orla hinuntertreiben bis nahe zu der Stelle, an der auch heute wieder der Tod mit seinen riesigen Füßen im Wasser plätscherte.
Der sah von seinem hohen Sitz aus den Knaben in seinem winzigen Boot herankommen. Vielleicht hatte er gerade einen guten Tag, vielleicht belustigte ihn auch der tollkühne kleine Bursche, der sich so ganz allein in seine Nähe wagte, jedenfalls blieb er still sitzen.
Hans nahm die lange Stange in die Hand und stakte sein Boot vorsichtig durch das wildrauschende Wasser an die riesigen Füße heran, wo er eine Stelle mit den schönsten Forellen entdeckte. Sein Herz schlug bis zum Hals vor richtiger Todesangst, doch verlor er den Kopf nicht, sondern näherte sich zum Schein immer mehr den Forellen. Als er aber die Lücke zwischen dem großen und mittleren Zeh des Todes erreicht hatte, zog er ganz schnell die Stange aus dem Wasser und stieß sie mit der Eisenspitze tief in den Fuß. Der Tod schrie laut auf vor Schmerz, zog beide Füße aus dem Wasser und lief mit riesigen Sprüngen davon, daß die Erde bebte.
Das Wasser schäumte dabei wild auf, und Hans wurde fast aus seinem kleinen Boot geschleudert. Glücklicherweise aber blieb es zwischen zwei Felsblöcken hängen, so daß er es schließlich mühsam freimachen konnte. Die Forellen hatten zwar bei dem Wirbel die Flucht ergriffen, aber Hans war der Ort für heute nun doch zu unheimlich geworden, und er fuhr lieber schnell nach Hause. Gleich am nächsten Tag aber kam er wieder und fand die sonst so gefährliche Stelle ruhig und friedlich. Auch die Forellen hatten sich wieder eingefunden, und diesmal brachte Hans seiner Mutter eine reiche Beute mit nach Hause. So blieb es von nun an für immer, Not und Sorge waren aus dem kleinen Fischerhäuschen vertrieben. Der Tod aber hat sich seitdem einen anderen Stammplatz gesucht.

EGER

Die erlösten Seelen

Auch in der Eger haust ein Wassermann, der ständig darauf lauert, ahnungslose Menschen in den Fluß und hinunter in sein Reich zu ziehen, wo sie jämmerlich zugrunde gehen.
Ein einziges Mal allerdings machte er eine Ausnahme: An der Eger wohnte ein Mädchen, das ganz allein auf der Welt war. Seine Mutter war vor einigen Wochen das Opfer des Wassermannes geworden, und zu allem Unglück hatte es sein Verlobter auch noch verlassen und eine andere geheiratet. Die Ärmste glaubte, das Leben nicht mehr ertragen zu können und stürzte sich eines Abends vor Kummer in die Eger.
Der Wassermann hatte das beobachtet, und da ihm das Mädchen gut gefiel, zog er es gerade noch rechtzeitig wieder aufs Trockene und setzte sich neben sie ans Ufer. „He," brummte er und sah sie begehrlich von der Seite an, „so etwas tut man doch nicht! Ein so hübsches Mädchen wie du wird doch noch einen anderen Freier finden! Komm mit mir zum Hans Heiling, wo eines meiner vielen Schlösser liegt. Dort kannst du meinen Haushalt in Ordnung halten, und wenn du alle meine Befehle befolgst, sollst du es nicht bereuen."
Das Mädchen nickte wortlos und folgte ihm. Sie war froh, jemand gefunden zu haben, der ihr sagte, was sie tun solle, und nachdem sie einmal gerettet worden war, kam ihr der Tod in dem kalten, dunklen Wasser doch sehr schrecklich vor.
Der Wassermann schwamm mit ihr auf einem riesigen Fisch, den er herbeiwinkte, zu seinem Schloß. Dort führte er sie in ein behagliches

Gemach, das sie von nun an bewohnen sollte, und sie durfte im ganzen Haus schalten und walten, wie sie es für richtig hielt. Nur eines verbot er ihr strengstens: „Von der Küche", sagte er zu ihr, „führt eine Treppe durch die Felsen hinunter unter die Eger. Dort findest du einen großen Vorratsraum, in dem auf langen Regalen lauter umgekehrte Töpfe stehen. Wenn du auch nur einen dieser Töpfe berührst, werde ich dich töten. Denke daran, denn ich meine es gut mit dir!"

Das Mädchen fühlte sich wohl auf dem Schloß an der Eger, ja, es gab Stunden, in denen es überlegte, ob es nicht doch dem Werben des mächtigen Wassermannes nachgeben und seine Frau werden sollte. Der Haushalt lief wie am Schnürchen, zumal sie viele Wassergeister als Hilfskräfte hatte. Eines Tages, als sie sich gerade ein bißchen lang=weilte, beschloß sie, doch endlich einmal die Treppe hinunter in das unterirdische Gewölbe zu steigen und sich die verbotenen Töpfe an=zusehen.

Da standen sie in langen Reihen, und als das Mädchen an ihnen entlangging, erklang unter ihnen ein klägliches Wimmern. Erschreckt fuhr sie zusammen und rannte schnell wieder die Treppe hinauf. Aber dieses Erlebnis ließ ihr keine Ruhe. Sie mußte immer an die jämmerlichen Laute denken, die unter den Töpfen hervorkamen. Sicher steckte irgendeine Untat des Wassermannes dahinter!

Ein paar Tage später, als er das Schloß für einige Stunden verlassen hatte, stieg sie wieder hinunter und hob schnell den Topf in die Höhe, in dem das Wimmern am lautesten klang. Da hörte sie zu ihrer Über=raschung die Stimme ihrer eigenen Mutter: „Ich danke dir, liebes Kind, daß du mich erlöst hast. Unter diesen Töpfen hält der böse Wassermann die Seelen der Ertrunkenen gefangen, und nur ein Mensch, der hier einzudringen wagt, kann sie befreien."

Da dachte das Mädchen nicht mehr an die Drohung des Wasser=mannes. Schnell hob sie einen Topf nach dem anderen in die Höhe und befreite die armen Seelen. Dann raffte sie die Scherben der Töpfe, die in der Eile zerbrochen waren, in ihre Schürze, eilte nach oben und verließ noch in der gleichen Stunde das Schloß. Sie lief viele Stunden, bis sie endlich nach Hause kam. Da sie ganz vergessen hatte, die Scherben in ihrem Bündel wegzuwerfen, wollte sie sie daheim ausschütten, doch da entdeckte sie zu ihrer Verwunderung, daß sie sich in pures Gold verwandelt hatten.

Nun war das arme Mädchen plötzlich reich geworden, und später wurde es auch noch glücklich dazu. Der Wassermann in der Eger ist seit diesem Tag noch bösartiger als zuvor. Seinen Zorn erkennt man an den wild schäumenden Wogen des Flusses.

Eger

Die feindlichen Brüder

Als dem Wassermannkönig der Eger das Mädchen davongelaufen war, verlegte er seinen Hauptsitz nach seinem Kristallpalast am Fuße des Hornerberges. Von dort aus regierte er grimmig und grausam viele hundert Jahre lang sein mächtiges Wasserreich, ehe er es seinen beiden Söhnen übergab. Sie hießen Pock und Alf. Pock war groß und stark, aber böse, Alf schön und edel, aber zart. In einem Zweikampf zwischen den ungleichen Brüdern siegte Pock, der von nun an das Reich genau so gewalttätig, nur noch viel roher als sein Vater regierte.

Dem zarten Alf blieb nichts übrig, als die Flucht zu ergreifen. Er verwandelte sich in einen Menschen und begann, bei den Bauern am Hornerberg Arbeit zu suchen. Die meisten betrachteten ihn nur mitleidig, weil er so schwächlich aussah, und wiesen ihn ab. Endlich aber fand sich doch ein gutmütiger Bauer, der ihn aufnahm.

Er merkte bald, daß er einen guten Griff getan hatte, denn der neue Knecht war fleißig und geschickt. Unter seiner Obhut gedieh das Vieh so prachtvoll, daß die anderen Bauern staunten. Sieben Jahre blieb Alf auf dem Hof und wurde in dieser Zeit groß und stark. Doch sein Herz blieb gut und sanft wie vorher. Er wurde traurig, wenn er von den Untaten seines Bruders hörte, der, sooft er nur konnte, Kinder ins Wasser zog, Kähne umwarf und Menschen in den Wellen umkommen ließ.

Endlich faßte er sich ein Herz. Als ihn sein Bauer wieder einmal fragte, warum er denn oft so traurig sei, erzählte er ihm seine Geschichte und daß er keinen größeren Wunsch habe, als eines Tages wieder heimzukehren in sein Reich. Er fühle sich jetzt stark genug, um den Kampf mit seinem Bruder nochmals aufzunehmen. Dann bat er den Bauern, ihn an die Eger zu begleiten und auf das Ende des Kampfes zu warten.

Der Bauer war tief beeindruckt vom Schicksal seines Knechtes, den er immer nur für einen einfachen Burschen vom Lande gehalten hatte. Bereitwillig folgte er ihm zum Fluß, wo sich Alf wieder in einen

Wassermann verwandelte. Diesmal aber war er groß und stark. Kaum war er ins Wasser getaucht, als es in einen wilden Aufruhr geriet. Da wußte der Bauer, daß in der Tiefe der Kampf begonnen hatte. Er dauerte lange, doch allmählich beruhigte sich das Wasser und Alf tauchte aus den Fluten. Er grüßte und winkte mit seinem Dreizack, ehe er wieder verschwand.
Alf hatte seinen bösartigen Bruder im Zweikampf getötet. Von nun an regierte er gütig und gerecht in seinem Wasserreich, und auch den Menschen half er, wo es ihm möglich war. Fiel ein Kind ins Wasser, so mußten es seine Wassergeister sicher ans Ufer zurückbringen. Oft half er den Schiffern und Flößern eigenhändig, wenn sie in den Wellen der Eger zu kentern drohten. Alljährlich trieb er die schönsten Fische dorthin, wo der Bauer, auf dessen Hof er einst als Knecht gewesen war, seine Netze auslegte.
Bis ins hohe Alter lebte der Bauer glücklich und zufrieden. Als er aber gestorben war, sah man unter den Menschen, die zu seiner Beerdigung gekommen waren, auch einen hochgewachsenen Fremden, der einen großen Kranz aus Wasserrosen trug. Die, welche ihn noch gekannt hatten, glaubten, daß es der Knecht von einst gewesen sei, der sich aus einem Wassermann noch einmal für ein paar Stunden in einen Menschen verwandelte.

Die Elfenkrone

In den Niederungen zu beiden Seiten der Eger haben die Elfen ihr Reich. Am Tag schlafen sie in ihren weichen Moosbetten hinter Gebüsch und Steinen, aber sobald der Mond aufgeht, werden sie wach und tanzen in seinem Silberlicht auf den Wiesen. Einmal im Jahr aber, in einer Vollmondnacht im Juni, kommt die Königin der Elfen und führt den Reigen an. Man kann sie leicht erkennen an ihrer zierlichen Krone, die sie allerdings für die Dauer des Tanzes ins Gras legt. Danach setzt sie das Krönlein wieder auf und kehrt in ihr kühles Reich zurück.

Eger

Wieder einmal war es Juni und der Vollmond stand am Himmel. Zwei junge Fischer waren in ihrem Boot auf der Eger unterwegs, und als sie um einen Felsvorsprung herumsteuerten, hörten sie einen wunderbaren Gesang und sahen auf einer Wiese die Elfen beim Tanz. Einen Augenblick waren sie fassungslos vor Staunen. Dann aber lenkten sie schnell ihr Boot ans Ufer und gingen auf die Wiese, um sich das Wunder in der Nähe zu betrachten.

Plötzlich aber stolperte der eine von den beiden über irgendeinen Gegenstand, der im Grase lag. Er bückte sich, griff danach und hielt eine zierliche goldene Krone in der Hand. Schnell steckte er seinen Fund in die Tasche, winkte seinem Kameraden, und sie fuhren schnell davon. Zu Hause versteckte er das Krönchen an einem einsamen Fleck nicht weit vom Ufer und legte sich zur Ruhe.

Er erwachte am nächsten Morgen von einem leisen Weinen vor seiner Tür. Als er neugierig öffnete, saß da ein bildschönes Mädchen, nur mit einem hauchzarten Gewand aus Spinnweben bekleidet, die mit Tautropfen bestickt waren. Da wußte er, daß es die Elfenkönigin war. Sie bat ihn flehentlich um ihre goldene Krone und versprach ihm dafür eine kostbare Belohnung. Doch der Fischer, bezaubert von ihrer großen Schönheit, antwortete: „Alle Reichtümer der Welt nützen mir nichts, wenn du nicht bei mir bleibst. Komm' zu mir und werde meine liebe Frau!"

Die Elfenkönigin war darüber so verwundert, daß sie ganz vergaß, über dieses Ansinnen ärgerlich zu werden. Dann aber sah sie sich den jungen Fischer aufmerksam an, und da schien ihr, sie habe unter all den Königen und Prinzen des Wasser-, Wald- und Nebelvolkes noch nie jemanden gesehen, der ihr so gut gefiel wie dieser junge Mensch.

Sie ließ sich von ihm in sein Haus führen und gestattete, daß er sie in ein Kleid hüllte, das von seiner verstorbenen Mutter stammte. Als sie noch einmal nach ihrer verlorenen Krone fragte, ohne die sie nie zurück zu den Ihren könne, leugnete er, sie gefunden zu haben und versprach, ihr beim Suchen zu helfen.

So blieb die Elfenkönigin also bei dem Fischer und wurde seine Frau.

Viele Jahre lang lebten sie glücklich miteinander. Ihre Kinder waren schon ziemlich groß, als sie eines Tages beim Spielen am Egerufer in einem Gebüsch eine zierliche goldene Krone fanden. Glückstrahlend liefen sie damit zu ihrer Mutter. Die aber begann bitterlich zu weinen. Dann ordnete sie alles im Haus, als ob sie auf eine lange Reise ginge, küßte zum letzten Mal ihre Kinder und kehrte für immer zurück in ihr Elfenreich.

Die Wassernixen und der Geiger

Ein armer Geiger verdiente sich seinen Lebensunterhalt damit, daß er in den Dörfern an der Eger sonntags und bei allen möglichen Festlichkeiten zum Tanz aufspielte. Oft geigte er dann die ganze Nacht hindurch, denn die fröhlichen Leute im Böhmerland fanden so leicht kein Ende, wenn sie einmal richtig zu feiern begonnen hatten.
Wieder einmal ging er in einer Sonntagnacht todmüde an der Eger entlang nach Hause. Es war im September, und auf dem Fluß wallten und wogten die ersten weißgrauen Herbstnebel. Wie er aber so dahinging und über das Wasser blickte, erkannte er auf einmal, daß das, was er für Nebel gehalten hatte, zarte Gestalten in hellen Schleiergewändern waren, die zum Rauschen des Flusses tanzten. Er rieb sich die Augen, weil er zu träumen glaubte, doch die Gestalten tanzten immer näher auf ihn zu, und da erkannte er, daß es die Egernixen waren.
Mit zarten Stimmen, die wie das Murmeln der Wellen klangen, riefen sie ihm zu: „Komm', spiele uns zum Tanz auf! Wir haben schon oft zugehört, abends in den Dörfern."
Der Geiger war zwar schrecklich müde, aber weil die Nixen so bildhübsch waren und ihn so anmutig baten, griff er doch zu seinem Instrument und spielte ihnen die schönsten seiner Lieder. Der Morgen dämmerte schon, als sie ihm endlich erlaubten, nach Hause zu gehen. Doch ehe sie Abschied von ihm nahmen, strich jede der Nixen einmal ganz leicht und zart über seinen Fiedelbogen. Dann forderten sie ihn

auf, noch ein allerletztes Stück zu spielen. Der Geiger aber glaubte seinen Ohren nicht zu trauen: Er erkannte seine Geige nicht wieder, denn sie klang so silberhell und rein, wie er nie zuvor in seinem Leben eine Geige hatte spielen hören. Da huschten die Nixen lachend und winkend davon.

Das Instrument des armen Geigers behielt seinen wunderbaren Klang. Schnell sprach es sich in den Dörfern an der Eger herum, wie schön er spielen könne, und eines Tages kam ein Brief für ihn aus der Hauptstadt. Man hatte dem König von ihm berichtet, der ihn hören wollte. Von nun an wurde er berühmt und wohlhabend. Aber er vergaß nie, wem er sein Glück zu verdanken hatte. Wenn er aus der weiten Welt ab und zu in sein Heimatdorf an der Eger zurückkehrte, pflegte er sich abends, wenn die Nebel kamen, ans Wasser zu setzen und die Lieder zu spielen, die er damals hier gespielt hatte. Dann lösten sich die zarten Gestalten der Egernixen aus dem Dunst und tanzten um ihn ihre schönsten Tänze. Was er auch Großes und Interessantes auf seinen fernen Reisen erlebte — nie war er so glücklich wie in diesen nächtlichen Stunden am Fluß.

ELBE

Die Zusammenkunft der Ottern

Im Elbsandsteingebirge, nahe der böhmischen Grenze bei Sebnitz, entspringt in einem Bergwald der Ascheborn. Er bildet einen munteren kleinen Bach, der weiter unten in einen größeren und mit ihm schließlich in die Elbe fließt.

Der Ascheborn aber ist der Treffpunkt der Ottern aus der ganzen Gegend. Jedes Jahr am Johannistag zwischen zwölf und ein Uhr versammeln sie sich dort zu Hunderten. Den Vorsitz in dieser großen Generalversammlung führt der Otternkönig, der auf einem grünbemoosten Stein in der Mitte sitzt und eine kleine goldene Krone auf dem Kopf trägt. Jeder Otter ist zur Teilnahme verpflichtet, es sei denn, er habe einen wirklich triftigen Entschuldigungsgrund oder wurde unehrenhaft aus der Otterngemeinschaft ausgeschlossen.

Eines Tages ging ein junger Jäger aus Sebnitz am Johannistag gerade um die Stunde der Otternzusammenkunft in der Nähe des Ascheborn durch den Wald. Mit einem Mal hörte er das Murmeln von vielen, vielen Otternstimmen, und als er dem Geräusch nachging, sah er die ganze Gesellschaft um ihren König versammelt. Ein paar Augenblicke war der junge Jäger ganz starr vor Staunen über diesen seltsamen Anblick, dann aber konnte er sich nicht länger beherrschen und lachte laut und fröhlich auf, denn das Bild war wirklich zu drollig.

Daraufhin wendeten sich alle nach ihm um, und auch der Otternkönig blickte ihn unter mißmutig gerunzelter Stirn hervor an. Dann aber erhellten sich seine Züge freundlich, denn er hatte den jungen Jäger erkannt. „Willkommen in unserer Versammlung!" sagte er und winkte ihm, näherzutreten. „Ich habe dich schon lange beobachtet und weiß daher, wie schonend du unsere Freunde, die Rehe, Hirsche und Füchse behandelst. Da du ein Sonntagskind bist, kannst du uns heute hier versammelt sehen, denn den gewöhnlichen Sterblichen bleibt dieser Anblick verborgen. Tritt näher, denn ich will dir etwas Kostbares schenken."

Der junge Jäger folgte seiner Aufforderung und bahnte sich, höflich nach allen Seiten grüßend, einen Weg durch die Versammlung. Dann forderte der König ihn auf, ein sauberes weißes Tuch vor seinem Thron auszubreiten, was der junge Jäger auch tat, denn glücklicherweise hatte ihm seine Mutter am Morgen ein blütenweißes Schnupftuch in die Tasche gesteckt. Der Otternkönig nahm nun seine kleine, goldene Krone vom Haupt und legte sie auf das Tuch. „Nimm sie", sagte er lächelnd, „ich schenke sie dir und sie wird dir Glück bringen. Nur Sonntagskinder, die um die Stunde unserer Otternversammlung hier vorbeikommen, können sie erhalten. Doch nur, wer ein reines Herz hat, wird glücklich dadurch. Dich aber kenne ich, und du kannst sie unbesorgt nach Hause nehmen."

Der junge Jäger war hocherfreut über dieses kostbare Geschenk. Er bedankte sich herzlich, grüßte die Versammlung zum Abschied und lief schnell nach Hause. Bald darauf heiratete er das Mädchen, das er lieb hatte, und die Krone des Otternkönigs brachte ihnen wirklich ein Leben lang Glück.

Seinen Kindern erzählte er später die seltsame Geschichte. Die erzählten sie ihren Freunden und diese wiederum anderen Leuten. Noch manches Sonntagskind hat sich im Laufe der Zeit die Krone des Otternkönigs geholt, aber nicht allen brachte sie Glück. Denn nicht jedes Sonntagskind hat ein reines Herz.

Die Elbjungfer bei Magdeburg

Vor fünfhundert Jahren kam zu den Markttagen von Magdeburg immer ein seltsames Mädchen. Sie war so wunderschön, wie kein

Mädchen weit und breit im Lande, und jedermann wunderte sich, woher sie käme. Doch niemand kannte ihren Namen oder ihre Herkunft.

Sie war groß, wenn auch nicht zu groß, schlank, aber nicht zu schlank. Ihre Haare leuchteten golden wie die Sonne über der Elbe und reichten bis hinunter zum Boden, wenn sie sie aufgelöst trug. Ihre Augen waren blau wie das Wasser des Flusses, und so blau war auch ihr samtenes Kleid, das um die Hüften mit einer goldenen Schnur gerafft war. Seltsamerweise sah der Saum immer aus, als ob er naß sei. Das Mieder war schilfgrün und mit Perlen besetzt, und auf ihrer Brust leuchtete ein großer Diamant so durchsichtig und hell, daß er gar nicht wie ein Edelstein aussah, sondern eher wie ein riesiger, klarer Wassertropfen. Ähnliche Diamanttropfen, nur kleiner, schmückten auch ihren Rock.

Sie kam immer ganz allein. Am Arm trug sie ein Körbchen aus geflochtenen Binsen, in das sie hineintat, was sie auf dem Markt kaufte: Obst, Brot und Fleisch. Dann ging sie wieder zum Stadttor hinaus zur Elbe hin. Aber ihre Haltung war so stolz und zurückhaltend, daß lange Zeit niemand wagte, sie anzusprechen.

Unter den jungen Männern Magdeburgs entstand ein großes Rätselraten, wer sie wohl sein könne und ob es einem von ihnen gelänge, die Schöne für sich zu gewinnen. Besonders einer von ihnen, der Sohn eines reichen Handelsherrn, war so gefangen von ihrem bezaubernden Bild, daß er Tag und Nacht darüber nachsann, wie er mehr von ihr erfahren könne.

Jedesmal, wenn sie zum Markttag erschien, erwartete er sie am Stadttor und grüßte sie mit einer tiefen Verneigung. Die Jungfrau erwiderte dann seinen Gruß und schritt vorüber. So vergingen einige Wochen. Eines Tages, es war im Frühling, faßte er endlich Mut und sprach sie an. Was er nicht zu hoffen gewagt hatte, geschah: Die schöne Fremde erlaubte ihm, sie ein Stück auf dem Heimweg zu begleiten. Nur seine drängenden Fragen nach ihrem Namen und ihrer Herkunft wollte sie ihm zunächst nicht beantworten. Endlich aber gab sie doch seinen Bitten nach, und so erfuhr er ihre Geschichte: „Ich bin die Tochter des Elbkönigs", erzählte sie ihm, „und wohne bei meinem Vater und meinen Brüdern in unserem Schloß tief unten auf dem Grund der Elbe. Einmal in der Woche erlauben sie mir, zu den Menschen zu gehen, die ich gut leiden mag, und einige Dinge, die sie besonders gern essen, auf dem Magdeburger Markt für sie einzukaufen. Sie sind sehr gut zu mir, aber auch sehr streng und haben mir verboten, mich mit einem Menschen zu unterhalten. Nun weißt du, wer ich bin, und es ist für uns beide besser, wenn wir uns nie wiedersehen."

Doch der Jüngling ließ sich nicht abweisen. Er gestand ihr seine Liebe und daß er, seit er sie gesehen habe, nie mehr mit einem anderen Mädchen glücklich werden könne. „Bleibe bei mir und werde meine Frau", sagte er zu ihr. „Wenn auch du mich liebst, wird alles gut werden. Denn dein Vater und deine Brüder wollen dich doch sicher glücklich sehen!"

„Aber sie werden nie zulassen, daß ich unser Reich für immer verlasse", antwortete die Elbjungfrau traurig.

Da zog der Jüngling sie an sich und küßte sie. „Dann werde ich die Erde verlassen und unter den Wellen mit dir leben!" sagte er.

Nun widerstand die Jungfrau nicht länger und versprach, Vater und Brüder um Erlaubnis zu fragen. „Aber es wird sehr schwer sein", erklärte sie. Bleibe hier am Ufer und warte eine Weile. Wenn aus den Wellen ein roter Apfel auftaucht, so folge mir. Färbt sich aber das Wasser rot, so haben mich meine gestrengen Brüder aus Zorn über meinen Ungehorsam getötet. Dann geh zurück und vergiß mich."

Sie verschwand in den Wellen, und der Jüngling wartete herzklopfend, was geschehen würde. Lange Zeit ereignete sich nichts. Dann aber begann auf einmal das Wasser unruhig zu werden, und mit einem Male färbte es sich blutrot. Verzweifelt rief er nach der Geliebten, obwohl er wußte, daß es zu spät war.

Er wurde ein reicher Handelsherr wie sein Vater. Doch die Elbjungfer hat er nie vergessen können.

Die zornigen Wassergeister

Seit dem Tag, an dem die schöne Tochter des Elbkönigs wegen ihrer Liebe zu einem Menschen sterben mußte, bekamen die Bewohner Magdeburgs und der angrenzenden Elbufer den Zorn der Wassergeister zu spüren. Wenn sie den Menschen bisher geholfen oder sie doch wenigstens in Frieden gelassen hatten, so ließen sie von nun an keine Gelegenheit ungenutzt, um ihnen Schaden zuzufügen.
Häufig sah man jetzt eine Nixe, ein schönes Wesen mit langem, gelbem Haar, doch mit bösem Blick, sich am Ufer oder auf einem Baum sonnen. Wer in ihre Augen sah, konnte am folgenden Tag nur noch als Toter aus dem Fluß geborgen werden. Und niemand gelang es mehr, die Elbe zu durchschwimmen, denn wenn er im tiefsten Wasser war, tauchte die Nixe neben ihm auf und zog ihn hinab. Viele versuchten, sie zu fangen und unschädlich zu machen, doch keinem gelang es, und die meisten mußten dabei ihr Leben lassen.
Ein andermal wollten die Magdeburger eine Wasserleitung aus der Elbe in ihre Stadt bauen, die sie dringend brauchten. Man begann, lange Reihen von Pfählen in den Fluß zu rammen. Doch als die Arbeit schon ziemlich weit fortgeschritten war, kamen aus der Tiefe des Flusses zwei riesenstarke Männer und rissen alles wieder ein. Das wiederholte sich so lange, bis die Magdeburger den Bau der Wasserleitung aufgeben mußten. Man glaubt, die beiden Wassermänner seien die Brüder der Elbjungfer gewesen.

ILM

Nixenliebe

Vor langer Zeit lebte ein Graf von Weimar und Orlamünde, dem eines Tages auf den Ilmwiesen die Flußnixe begegnete. Mit ihrem langen Haar und den grünen Nixenaugen sah sie so lieblich und verführerisch aus, daß der Graf noch nie ein so schönes Geschöpf gesehen zu haben glaubte. Aber da er glücklich verheiratet war, widerstand er ihren Verlockungen und ging schnell vorbei, ohne sich noch einmal umzusehen.
Nach einiger Zeit führte ihn sein Weg zu der gleichen Stelle, und abermals lag die Ilmnixe im Gras am Ufer und winkte. Wieder lief er schnell weiter, doch seine Gedanken beschäftigten sich immer häufiger mit der lockenden Nixengestalt. Schon wenige Tage später trieb ihn die Neugier zurück zu dem gefährlichen Ort, und diesmal ging er nicht vorbei.
Die Nixe betörte ihn so mit ihrem Gesang und ihren Liebkosungen, daß er ihr versprach, von nun an jedes Jahr elf Monate mit seiner Gemahlin zu leben, den Mai aber mit ihr in ihrem Nixenschloß zu verbringen. Zum Dank schenkte sie ihm einen kostbaren Ring. „Wenn du ihn in die Ilm wirfst und dabei meinen Namen rufst, werde ich im gleichen Augenblick aus den Wellen tauchen und bei dir sein, Geliebter" sagte sie dazu.
So vergingen viele, viele Jahre, in denen der Graf seine Liebe zwischen seiner Frau und der Ilmnixe teilte. Erst nach dem Tod seiner Gemahlin, die plötzlich an einer schweren Krankheit starb, packte ihn die Reue über sein Doppelspiel. Von diesem Tag an vermied er

die Begegnungen mit der Nixe und ging kurz darauf in ein Kloster, um seine Schuld zu sühnen.

Wie die Ilmnixe sich rächte

Der reiche Junker von Kromsdorf hatte einen jungen Knappen, der es bei ihm nicht sehr gut hatte. Er behandelte den Jüngling, der aus einem armen Adelshaus stammte, sehr schlecht und ließ ihm ein so geringes Taschengeld, daß der junge Mann sich rein gar nichts dafür kaufen konnte. Vor lauter Unzufriedenheit mit seinem Geschick wurde der ganz schwermütig.

Eines Abends spazierte er grübelnd an der Ilm entlang, als er einen leisen Gesang aus dem Fluß zu hören glaubte. Neugierig trat er dicht ans Ufer. Der Gesang wurde lauter, und aus den Fluten tauchte die Ilmnixe in einem grünen Schleiergewand. Sie fragte den Jüngling, warum er denn immer so traurig sei, denn sie habe ihn schon oft bei seinen einsamen Gängen an der Ilm beobachtet.

Der junge Knappe war erst ziemlich eingeschüchtert von der unerwarteten Erscheinung. Dann aber faßte er sich ein Herz und erzählte der Nixe von seinen Sorgen. Die hörte aufmerksam zu, tauchte dann schnell hinunter ins Wasser und kam mit einem Beutel voll Gold zurück, den sie dem Jüngling reichte. „Meine einzige Bedingung ist, daß du niemand und unter keinen Umständen erzählst, von wem du das Gold bekommen hast", sagte sie dazu. Das versprach der Jüngling ihr mit Freuden und bedankte sich herzlich.

Der Herr von Kromsdorf merkte schnell, daß sein Knappe auf einmal wohlhabend zu sein schien. Seinem harten Herzen genügte es nicht, daß er selbst genug Reichtümer besaß: Er wollte, daß die Menschen, die ihm dienten, arm und abhängig von ihm seien. Immer drängender wurden seine Fragen nach dem plötzlichen Wohlstand seines Knappen. Als der immer nur schwieg, wurde er schließlich so wütend, daß er den Ärmsten ins Burgverließ werfen und foltern ließ. Ehe er starb, gab er unter Qualen sein Geheimnis preis.

Im gleichen Augenblick wankte das Schloß in seinen Grundfesten. Der Boden der Folterkammer öffnete sich, und drohend trat die Nixe vor den erschrockenen Junker. Sie verfluchte den grausamen Schloßherrn und kündigte seinem Geschlecht den Untergang an. Vierzig Tage später starb der Junker ganz plötzlich, und in der dritten Generation nach ihm gab es keinen mehr, der seinen Namen trug.

Das Gespenst an der Ilmbrücke

An der Floßbrücke bei Weimar geistert ein unheimliches Gespenst, dem noch niemand auf die Spur gekommen ist.

Zu der Zeit, als Weimar noch ein Sammelplatz von Dichtern und Denkern war, ging in einer schönen Sommernacht ein einsamer Spaziergänger unterhalb der Bibliothek an der Ilm aufwärts. Er gehörte zu dem Kreis empfindsamer, schwärmerischer Naturfreunde, die sich damals in der Goethestadt zusammengefunden hatten und war von kleiner, verwachsener Gestalt.

Als er sich der Floßbrücke näherte, weil er hinüber auf die andere Seite wollte, schien ihm plötzlich, als ob sich alles um ihn merkwürdig verändere. Die reine, erfrischende Nachtluft verschwand, und ein gelblicher, stechender Schwefeldunst breitet sich über Fluß und Park. Kaum hatte er die Brücke betreten, als der Dunst unerträglich wurde und eine große, gespenstische Gestalt durch den Nebel auf ihn zukam. Sie packte ihn an den Schultern und versuchte, ihn zurückzudrängen. So heftig er auch Widerstand leistete, nützte es ihm doch nichts. Das Gespenst stieß ihn immer weiter zurück, hob ihn schließlich auf und warf ihn heftig nieder auf den Uferweg. Dann sprang es über das Brückengeländer und tauchte lautlos in die Ilm.

Der Ärmste war beinahe von Sinnen vor Schreck und Erschöpfung. Schließlich aber raffte er sich auf und wankte nach Hause. Am nächsten Morgen meldete er sein unheimliches Abenteuer den Behörden. Doch obwohl man Fluß und Park gründlich durchsuchte, fand sich weder ein Toter in der Ilm noch sonst irgendeine Spur.

Seitdem haben noch oft einsame Wanderer bei der Floßbrücke eine ähnliche Erscheinung gesehen, und daher weiß man, daß es nur ein Gespenst sein kann.

Das schwarze Fräulein

An der Floßbrücke bei Weimar, die damals etwas unterhalb der heutigen Naturbrücke schräg über die Ilm in den Stern führte, geistert noch eine andere Spukgestalt:
Dort stürzte sich am 16. Januar 1778 die junge Christiane von Lasberg aus Liebeskummer in den Fluß und ertrank. Sie war heimlich mit dem Schweden von Wrangel verlobt und suchte den Tod, weil sie glaubte, daß er sie verlassen habe. Ihr trauriges Ende erregte Trauer und Mitleid in der ganzen Stadt.
Einige Zeit darauf ging ein Weimarer Bürger abends an der Ilm entlang nach Hause. In der Nähe der Floßbrücke sah er auf einmal am anderen Ufer eine Dame in einem schwarzseidenen Mantel gehen. In der Hand trug sie eine Gerte, mit der sie im Gehen ab und zu auf den Boden schlug, und um sie sprang ein kleiner Hund, in dem der Mann den weißen Spitz des verstorbenen Fräuleins von Lasberg erkannte. Er wunderte sich, um diese Stunde eine Dame der Gesellschaft an diesem Ort zu finden und beschleunigte seine Schritte, um sie sich aus der Nähe zu betrachten. Doch als er über die Floßbrücke gegangen und auf ein paar Meter an sie herangekommen war, schien sie plötzlich wie vom Erdboden verschluckt. So sehr er auch suchte — er konnte sie nirgends mehr entdecken.
Kopfschüttelnd ging er nach Hause und erzählte seiner Frau von der merkwürdigen Begegnung. Die vermutete gleich, daß es der Geist der unglücklichen Christiane von Lasberg sei, der im Grabe keine Ruhe finden könne und nun dort umgehen müsse, wo sie sich getötet hatte. Als die Gestalt noch anderen Leuten begegnete, sprach es sich in Weimar als Gewißheit herum. Jeder scheute sich seitdem, abends allein an dem unheimlichen Ort vorbeizugehen.

Goethe ließ zum Andenken an „die arme Christel" dort, wo ihr Geist wandelte, ein Felsentor aushöhlen. Und seinen Dienern gestattete er, immer zu dreien zu gehen, wenn er sie nachts hinüber in sein Garten= haus kommen ließ.

SAALE

Die Gräfin in der schwarzen Kutsche

Bei Halle, nicht weit vom Ufer der Saale, liegt der Gütchenteich, ein kleines, dunkles, stilles Gewässer. Es geht die Sage, daß aus ihm alle Kinder kommen, die in Halle geboren werden.
An seiner Stelle stand früher ein stolzes Schloß, in dem eine schöne Gräfin wohnte. Ihr Mann, der Graf, wünschte sich von ganzem Herzen einen Erben, doch lange Zeit schien es, als ob sein Wunsch nicht in Erfüllung gehen sollte.
Endlich aber schenkte ihm die Gräfin einen Sohn. Die Taufe wurde wie ein großes Fest begangen, und aus dem ganzen Land kamen die Gäste, um ihre Glückwünsche und Geschenke zu überbringen. Die Tafel brach beinahe unter der Last köstlicher Speisen und Getränke. Bei Musik und Tanz verging die Zeit wie im Fluge.
Unter den Musikaten war ein junger Geiger aus Böhmen. Er spielte so wundervoll auf seiner Fiedel, daß er alle Herzen bewegte, und vor allem der schönen Gräfin verdrehte er mit seinem Spiel völlig den Kopf. Niemand weiß genau, wie alles gekommen ist. Doch ein halbes Jahr später, in einer dunklen Neumondnacht, fuhren er und die Gräfin in der schwarzen Kutsche des Grafen auf und davon. Als man am nächsten Tag ihre Flucht bemerkte, war keine Spur mehr von ihnen zu entdecken. Der Graf und sein kleiner Sohn blieben allein zurück.
Bald darauf starb der junge Graf, der ein zartes und kränkliches Kind gewesen war, und wenige Wochen später folgte ihm der Graf ins Grab, denn er konnte den Schmerz um seine Frau und seinen Sohn nicht verwinden. In der Nacht nach seiner Beerdigung aber erschütterte

ein Erdbeben das Land, und mit einem Donnerschlag sank das verlassene Schloß in die Tiefe. Unterirdisch strömte Wasser aus der Saale in die Grube, die sich gebildet hatte, und es entstand ein tiefer, dunkler Teich, in dem man nur noch bei ganz hellem Sonnenlicht und auch nur an besonderen Tagen die Turmspitze des Schlosses schimmern sehen konnte.
Inzwischen war die Gräfin weit weg irgendwo in der Welt. Aber mit der Zeit schlug doch ihr Gewissen. Von Reue und Heimweh gepackt, kehrte sie nach einigen Jahren zurück. Sie fand ihren Mann nicht mehr, ihren Sohn nicht und nicht das Schloß. Fremde, die sie nicht erkannten, erzählten ihr, was sich ereignet hatte. Sie hörte ihre eigene Geschichte, die der leichtsinnigen Frau, die Mann und Sohn verlassen hatte, um mit irgendeinem Geiger davonzugehen, und sie erfuhr, was dann gekommen war.
In der folgenden Nacht stürzte sie sich in den Teich und ertrank. Doch ihre Seele kann in dem nassen Grab keine Ruhe finden. Jedesmal in der Neumondnacht kommt eine schwarze Kutsche, in der eine verhüllte Frauengestalt sitzt, zum Gütchenteich gefahren und verschwindet im Wasser. Die Leute meinen, es sei die unselige Gräfin, die unter den vielen Kindern, welche in der Tiefe auf die Stunde ihrer Geburt warten, vergeblich ihren kleinen Sohn sucht.

HAVEL

Der Faule See zu Potsdam

An der Stelle des Potsdamer Wilhelmsplatzes lag früher ein tiefer, trüber Wassertümpel, der mit der Havel verbunden war und der Faule See hieß. Zur Zeit der Hexenverfolgungen wurde auf seiner Oberfläche die sogenannte Wasserprobe durchgeführt. Dabei wurden die Frauen, die man der Zauberei und Hexerei verdächtigte, gebunden auf das Wasser gelegt, und wenn sie untergingen, galten sie für überführt und wurden verbrannt.

Der ganze Grund um den Faulen See war feucht und schlammig, und manchmal sank plötzlich eine Stelle, die fest schien, mit allem was darauf stand ein, weil der Boden von unten her nachgegeben hatte.

Zu einer alten Frau aus Potsdam kam eines Tages ein Landstreicher, der Geld von ihr haben wollte. Sie schickte ihn fort, und aus Rache erzählte er nun überall, sie sei eine Hexe. Er wisse es genau, denn sie habe ihm versprochen, ihn unverwundbar zu machen, wenn er ihr Zunge, Herz und Finger eines dreijährigen Kindes brächte, die sie für ihre Zauberei benötige.

Damals genügte solch eine Beschuldigung, um die alte Frau vor Gericht zu bringen. Niemand glaubte ihr, daß sie unschuldig sei: Man verurteilte sie zur Wasserprobe.

Sie wurde zum Faulen See geführt, wo der Henker ihr Hände und Füße fest zusammenschnürte. Ihr Ankläger, der mit spöttischer Miene zusah, wurde nun vom Ketzerrichter aufgefordert, seine Beschuldigungen nochmals zu wiederholen. Der, stolz auf die wichtige Rolle, die er hier spielen konnte, trat bereitwillig auf eine Bodenerhöhung

dicht beim See und rief Gott zum Zeugen an, daß er die reine Wahrheit spräche. Im gleichen Augenblick aber gab der Boden unter ihm nach und er sank ins Moor, das hoch über ihm zusammenschlug und ihn nie wieder freigab.
Alle, die es sahen, erkannten das als ein Zeichen des Himmels. Man löste die Fesseln der alten Frau und führte sie nach Potsdam in die Kirche, wo sie Gott für ihre wunderbare Errettung dankte.
Später, als sich Potsdam unter Friedrich Wilhelm immer mehr erweiterte, ließ der König den trüben, übelriechenden Tümpel zuschütten und zu einem Platz ebnen, der seinen Namen erhielt. Die Arbeit war wegen des unsicheren Grundes sehr mühsam, und auch später senkte sich der Boden immer wieder an verschiedenen Stellen, so daß der Wilhelmsplatz in jedem Jahr neu geebnet werden mußte.

Der Spuk am Entenfängersee

In der Nähe von Werder zieht sich an den Ufern der Havel ein breites Wiesenland hin, unterbrochen von gewundenen Wasserläufen und bewaldeten Hügeln. Dort liegt mitten in einem feuchten, schattigen Erlengehölz ein ziemlich großer See. In der Einsamkeit seiner schilfbewachsenen Ufer nisten die Wildenten. Aber die Jäger wissen das und fangen sie mit Hilfe von Lockenten in ihren Netzen. Daher heißt dieser See der Entenfängersee.
An schönen, windstillen Abenden schwebt über dem verlassenen See eine kleine weiße Wolke, die schnell größer wird, sich herabsenkt und als weißer Nebel über die umliegenden Wiesen zieht. Die Bauern sagen dazu: „Der Fuchs badet sich" und wissen, daß am nächsten Tag schönes Wetter sein wird.
Aber der Sage nach hat die weiße Wolke noch eine andere Bedeutung: Vor vielen, vielen Jahren lebte in einem Dorf bei Werder ein Pfarrer, der eine hübsche Tochter hatte. Als sie herangewachsen war, heiratete sie den jungen Vikar, der als Gehilfe ihres Vaters arbeitete, und einige Jahre lebten sie glücklich und zufrieden miteinander im Pfarr=

haus. Der junge Vikar liebte seinen Beruf sehr und versprach ein guter Seelsorger zu werden. Eines Tages erhielt er den Auftrag, die Pfarrei eines großen Ortes zu übernehmen, um die sich der alte Pfarrer, sein Schwiegervater, seit Jahren bemüht hatte. Aber statt sich mit dem jungen Paar über dieses Glück zu freuen, geriet er außer sich vor Zorn und Neid. Als die jungen Leute von ihm Abschied genommen und das Haus verlassen hatten, um in ihre neue Heimat überzusiedeln, ging er hinunter zum Entenfängerteich. Mit Gott und der Welt unzufrieden über sein vermeintliches Unglück, verwünschte er sein Mißgeschick und verfluchte die Zukunft des jungen Paares.

Im gleichen Augenblick stürzte er wie vom Blitz getroffen tot zu Boden. Sein Leichnam wurde nie gefunden. Seitdem aber breitet sich abends ein Nebel über See und Wiesen, in dem der ruhelose Geist des bösen Pfarrers sitzt und drohend die Faust schüttelt.

Die Quelle am Templiner See

Am Templiner See, der zur langen Kette der Havelseen gehört, liegt das Dorf Caputh. Dort wohnte vor langer Zeit ein kleines, hübsches, braungelocktes Mädchen mit seiner Mutter. Es hieß Else.

Eines Tages ging die Mutter zum Markt nach Potsdam und nahm ihre kleine Tochter mit. Da gab es viel zu sehen, und weil die kleine Else überall stehenblieb und staunte und fragte, was dies und was jenes sei, kam die Mutter mit ihren Einkäufen gar nicht recht voran. Da sagte sie zu der kleinen Else, sie solle doch schon immer vorausgehen zum Stadttor und dort auf sie warten, sie käme bald nach.

Else wäre zwar viel lieber noch länger auf dem Markt geblieben, um sich das Spielzeug in den Buden anzusehen, aber weil sie ein braves kleines Mädchen war, verzog sie nur ein bißchen den Mund und tat, wie die Mutter gesagt hatte. Sie ging die Straße entlang zum Stadttor hinaus und kam zur Wiese vor dem Tor, auf der Tausende von bunten Blumen blühten. Da vergaß Else ihren Kummer und auch, daß die Mutter gesagt hatte, sie solle hier auf sie warten. Sie begann,

Blumen für einen großen Strauß zu pflücken, ging immer weiter, nach Hause zu und sang dabei alle Lieder, die sie kannte.
Endlich dachte sie daran, daß die Mutter ja nachkommen wollte. Sie blieb stehen und sah sich um, aber weit und breit war kein Mensch zu erblicken. Glühend heiß lag die Heide in der Mittagssonne. Kein Laut war zu hören außer dem Summen der Bienen und Hummeln. Else war sehr durstig, und da fiel ihr auf einmal die kühle Quelle unter den Bäumen auf der Templiner Wiese ein. So lief sie schnell den schmalen Weg entlang, der von der Straße abzweigte, über den Hügel hinunter zur Quelle.
Dort aber sah sie eine alte Frau knien, die mit einem kleinen Gefäß Wasser in eine große Kanne füllte. Das Bücken schien ihr sehr schwer zu fallen. Deshalb nahm Else, ehe sie ihren Durst stillte, schnell der alten Frau diese Arebit ab, und die bedankte sich herzlich dafür. Dann nahm sie drei grüne Wasserlinsen aus der Quelle und gab sie dem kleinen Mädchen. „Hebe sie gut auf, bis du groß geworden bist!" sagte sie dazu. „Denn wenn du eine ins Wasser wirfst und dabei einen Wunsch aussprichst, so geht er in Erfüllung."
Else gab der alten Frau zum Abschied die Hand und sprang schnell davon. Aber sie war noch nicht zurück auf der Straße, als sie auf einmal noch größeren Durst verspürte als vorher. Sie lief also nochmals zurück, und als sie mit der Hand nicht genug Wasser schöpfen konnte, warf sie schnell eine von den Wasserlinsen, die ihr die alte Frau gegeben hatte, in die Quelle und wünschte sich dazu einen Trinkbecher. Der kam auch gleich angeschwommen.
Else machte das so großen Spaß, daß sie überlegte, was sie sich denn noch wünschen könnte. Ihre Blumen, die sie so eifrig gepflückt hatte, sahen schon ganz welk aus. Da warf sie schnell die zweite Wasserlinse in die Quelle und wünschte sich, daß die Blumen wieder frisch würden. Dabei fiel ihr der Strauß aus der Hand ins Wasser, und als sie ihn herausholte, hatten alle Blumen wieder ihre Köpfe gehoben. Nun aber dachte sie erschrocken an ihre Mutter, die sie sicher suchte. Sie warf also die letzte Wasserlinse den beiden anderen nach und wünschte sich dabei, daß ihre Mutter sie hier fände und nicht böse

darüber sei, daß Else sie nicht am Stadttor erwartet hatte. Da kam die Mutter den Hügel heruntergelaufen und nahm die kleine Else glücklich in ihre Arme, denn sie hatte sich schon große Sorgen gemacht und sie überall gesucht.

Viele Jahre vergingen, und Else hatte die alte Frau an der Quelle und die drei Wasserlinsen, die sie ihr gegeben hatte, fast vergessen. Sie war ein großes, bildschönes Mädchen geworden, nach dem alle Burschen im Dorf die Köpfe verdrehten. Nur einer bemerkte sie nicht, und gerade ihn und keinen anderen wollte Else haben: Es war der junge Fischer Konrad, den man sehr oft bei Röse, der hübschen Tochter des reichen Dorfschulzen sitzen sah.

Else wurde allmählich ganz blaß und schmal vor lauter Kummer, doch obwohl ihre Mutter eines Tages ernsthaft mit ihr sprach und ihr riet, sich Konrad aus dem Kopf zu schlagen und sich unter den anderen Burschen einen guten und zuverlässigen Mann zu wählen, konnte sie doch nicht von ihm lassen. Am Tag mußte sie an ihn denken, und nachts träumte sie von ihm.

So kam die Kirchweih heran, auf die sich die jungen Leute von Caputh schon seit Wochen freuten, denn abends war im Dorfgasthaus großer Tanz. Else hatte seit Tagen an ihrem neuen Kleid genäht, es war blau, und sie sah sehr hübsch darin aus. Aber als sie abends den Tanzsaal betrat, kam sie sich auf einmal ganz unscheinbar gegen Röse vor, die in ihrem prächtigen Kleid entschieden die Schönste unter allen war. Konrad war nirgends zu erblicken. „Wenn er kommt, wird er bestimmt wieder nur Augen für Röse haben und keinen einzigen Tanz mit mir tanzen!" dachte Else verzagt. Sie verließ den Tanzsaal, ohne sich um ihre Verehrer zu kümmern, die sie zurückzuhalten versuchten und wollte nach Hause gehen. Es war ein schöner, klarer Abend, und allmählich wurde sie ruhiger und begann nachzudenken. Mit einem Mal fiel ihr die Begegnung mit der alten Frau wieder ein, die sie vor vielen Jahren an der Quelle gehabt hatte. Sie erinnerte sich der geheimnisvollen Wasserlinsen und wußte auf einmal, wie töricht sie gewesen war, sie für drei so unwichtige Dinge hinzugeben. Da begann sie zu laufen, zum See, die Potsdamer Straße entlang zu dem kleinen

Weg, der nach der Quelle abzweigte und immer weiter, bis sie atemlos beim Brunnen unter den Bäumen einhielt.

Als habe die Zeit inzwischen stillgestanden, kauerte dort die alte, graue Frau und schöpfte Wasser. Else grüßte schüchtern und half ihr wie damals, ihren Krug zu füllen. Die Alte dankte freundlich und sah sie dann aufmerksam an. „Nun, Else", sagte sie „heute bist du doch nicht gekommen, weil du aus der Quelle trinken willst?"

Da brach das junge Mädchen in Tränen aus und erzählte der Alten von ihrem Kummer. Die aber streichelte ihr beruhigend das Haar und sagte: „Ich habe genau gewußt, daß du wiederkommen würdest. Natürlich war es dumm von dir, meine Wasserlinsen wegen einer solchen Kleinigkeit wegzugeben, aber du warst ja noch ein kleines Kind. Hier, nimm diese drei Fischschuppen, sie haben die gleiche Wunderkraft!" Damit nickte sie Else freundlich zu und war im nächsten Augenblick verschwunden.

Else glaubte zu träumen. Doch dann warf sie schnell die erste der Schuppen ins Wasser und flüsterte dazu: „Ich wünsche mir, daß Konrad nicht zum Kirchweihtanz kommt, damit er nicht sieht, wie schön Röse heute ist!"

Dann ging sie zurück ins Dorf, wo sie von den anderen erfuhr, daß Röse vergeblich den ganzen Abend auf Konrad gewartet habe. Er sei vor zwei Tagen mit einer Fischladung nach Berlin gefahren und bisher nicht zurückgekehrt, obwohl er es fest versprochen hatte.

Else erschrak fürchterlich. Sie war fest davon überzeugt, daß sie mit ihrem Wunsch den Tod des Geliebten verursacht habe. Sie ging nach Hause und wartete dort einige Zeit verzweifelt, ob er nicht doch zurückkäme. Dann aber hielt sie es nicht länger aus. Obwohl schon der Morgen dämmerte, schlich sie heimlich aus dem Haus und lief zum zweiten Mal in dieser Nacht zur Quelle. Dort warf sie die zweite Fischschuppe ins Wasser und rief dazu: „Konrad soll schnell gesund wiederkommen!" Als sie aber ganz außer Atem wieder in Caputh eintraf, sah sie sein Boot am Ufer liegen und ihn selbst fröhlich und munter beim Ausladen der Waren, die er für seine Fische in Berlin eingetauscht hatte.

Was sich Else gewünscht hat, als sie die dritte Fischschuppe ins Wasser warf, weiß man nicht mehr genau. Auf jeden Fall war sie ein Jahr später Konrads Frau, der nie mehr nach Röse schaute.

Else aber hat nie vergessen, wie schlimm Liebeskummer sein kann. Wenn sie ein junges Mädchen traf, das blaß, verweint und traurig aussah, so gab sie ihm stets den guten Rat, zur Quelle auf der Templiner Wiese zu gehen. Das haben dann auch viele getan und sahen bald darauf wieder glücklich und heiter aus.

MEERES-SAGEN

VON KÜSTEN UND INSELN

Woher die großen Fluten kommen

Für die Menschen, die am Meer oder auf seinen Inseln leben, ist das große Wasser zugleich ihr bester Freund und ihr schlimmster Feind. Den Seeleuten und Fischern gibt es Arbeit und Lebensunterhalt, aber zur Zeit der großen Stürme und Fluten, denen die Menschen hilflos ausgeliefert sind, verschlingt es wie ein Ungeheuer ihre Schiffe und Häuser und oft sie selbst. „Wo einmal Wasser war, kann auch wieder Wasser sein", sagen die Küstenbewohner an der Nordsee, und sie fühlen sich nie ganz sicher vor den unberechenbaren Gewalten der Natur.

Früher soll das anders gewesen sein. Um das Jahr 600 nach Christus regierte nämlich in England eine Königin namens Garhöven. Der König von Dänemark hatte sich mit ihr verlobt und wollte sie heiraten. Aber eines Tages verlor er sein Herz an eine andere, er brach sein Wort und verließ Garhöven. Die Königin war eine stolze, hochmütige Frau, und nachdem ihre Versuche, den treulosen Dänenkönig zurückzugewinnen, erfolglos geblieben waren, schmiedete sie einen grausamen Racheplan: Sie beschloß, alle dem König gehörenden Länder im Meer zu versenken. Siebenhundert Mann ließ sie sieben Jahre lang unaufhörlich arbeiten, um die Hövden zu durchstechen, die sich als Vorgebirge etwa sieben Meilen zwischen England und Frankreich hinzogen und bis dahin das Wasser aufgehalten und das Land geschützt hatten. Hunderttausend Menschen kamen in den hereinbrechenden Fluten um. Das Leid und die Erbitterung im Lande waren groß, aber der Zorn richtete sich nicht gegen die rachsüchtige Gar=

höven, sondern gegen den Dänenkönig, der durch sein Treulosigkeit solches Elend über seine Untertanen gebracht hatte. Einige Adlige schlossen sich zusammen und töteten ihn mit Gift. Sein Name wurde in Dänemark nicht mehr genannt und alle Erinnerung an ihn getilgt. Um die gleiche Zeit trieb mit dem Nordwestwind ein riesiges Moor bei dem großen, dichten Wald in Nordfriesland an, welcher der Dams=wald hieß und in dem viele, viele Tiere lebten. Das Moor bedeckte und erstickte schließlich den ganzen Wald. Seitdem ist Friesland so arm an Holz und Bäumen.

Das brave Mütterchen

Es war mitten im Winter, und so weit man vom Husumer Strand aus sehen konnte, war die See mit einer dichten Eisschicht bedeckt. Da beschlossen die Husumer, ein großes Fest zu feiern. Sie schlugen Zelte am Strand auf, und alt und jung, die ganze Stadt versammelte sich draußen. Die einen liefen Schlittschuh, die anderen fuhren Schlitten, in den Zelten drehten sich die jungen Leute zur Musik lustig im Tanz, während die Alten bei Bier und Grog ihnen zuschauten und sich was

erzählten. So ging es den ganzen Tag, und als am frühen Abend der Mond aufging, schien der Jubel erst recht anzufangen.
Nur ein altes Mütterchen war von allen Leuten ganz allein zu Hause geblieben. Sie war krank und gebrechlich und konnte ihre Füße nicht mehr gebrauchen. Aber da ihr Häuschen hoch oben auf dem Deich stand, konnte sie von ihrem Bett aus aufs Eis hinaussehen und sich aus der Ferne mitfreuen. Wie sie so zur Dämmerstunde den Himmel betrachtete, entdeckte sie auf einmal am Horizont ein kleines, aufsteigendes Wölkchen, das schnell größer wurde. Eine schreckliche Angst überkam sie: Ihr Mann hatte sie in früheren Jahren oft mit hinaus aufs Meer genommen, und seither kannte sie sich aus mit Wind und Wetter. Schnell rechnete sie nach: In einer kleinen Stunde würde die Flut da sein, ein furchtbarer Sturm losbrechen und das Eis bersten. Die ganze ahnungslose Festgesellschaft drunten am Strand schien verloren zu sein.
Das alte Mütterchen rief und jammerte so laut sie konnte. Aber niemand hörte sie. Immer größer wurde inzwischen die Wolke, immer schwärzer. In wenigen Minuten mußte die Sturmflut losbrechen. Da raffte sie alle ihre Kräfte zusammen und kroch auf Händen und Füßen aus ihrem Bett zum Ofen. Mit der Schaufel holte sie ein Stück glühende Kohle aus dem Feuer und schleuderte sie ins Bettstroh. Dann hastete sie schnell hinaus ins Freie, um sich in Sicherheit zu bringen. Augenblicklich stand das Häuschen, in dem sie viele glückliche Jahre verbracht hatte, in hellen Flammen. Und als man den Feuerschein drunten am Strand und auf dem Eis sah, stürzte alles in wilder Hast hinauf zum Deich. Da sprang auch schon der Wind hoch und wuchs zum Sturm an. Der Himmel wurde pechschwarz, das Eis fing an zu knarren und zu schwanken, es brach mit lautem Getöse, und die Flut wogte über den Strand und riß die Festzelte ins Meer. Entsetzt sahen es die Husumer oben vom Deich aus.
So hatte das arme alte Mütterchen die ganze Stadt gerettet. Bis an ihr Ende wurde sie von allen geachtet und geehrt.

Die Baljer Glocken

In alten Zeiten wurde Dithmarschen und vor allem das Kirchspiel Brunsbüttel sehr oft von der Flut überschwemmt. Als wieder einmal der Ort und seine ganze Umgebung unter Wasser standen und überall Not und Elend herrschten, kamen eines Nachts die Nachbarn von jenseits der Elbe, die Kehdinger, und raubten die Brunsbüttler Glokken, die wegen ihrer Größe und wegen ihres schönen, vollen Klanges weithin berühmt waren. Ein alter Mann aus Brunsbüttel, dem man Zauberkräfte nachsagte, soll den bösen Nachbarn die Verwünschung nachgerufen haben:

„Vo nu an Schöllen gy sylves verklaren,
Wer tom hilligen Deenst Ju heft erkaren;
Bet de Kehdinger ehr Land ünner Water sehn
Un int Kehdinger Land de Dithmarscher tehn,
Schöllen gy jammern un zagen,
Schöllen gy stähnen un klagen:
Na Brunsbüttel,
Na Brunsbüttel!"

Die Kehdinger hingen die Glocken im Kirchturm zu Balje auf, gerade gegenüber von Brunsbüttel, und wenn ihr Ton von nun an das Dithmarscher Elbufer erreichte, glaubten die Brunsbüttler in dem dumpfen Klang die Worte zu verstehen: „Na Brunsbüttel, na Brunsbüttel!"

Die Dithmarscher waren eigentlich nicht die Leute, die sich alles gefallen ließen. Aber ihr ständiger Kampf gegen Wasser und Flut hielt sie immer wieder von der Vergeltung ab, und so blieben die Glocken in Balje. Jahrhunderte lang hörte man von Zeit zu Zeit ihren klagenden Ruf vom anderen Ufer, und den Brunsbüttlern galt er als ein sicheres Anzeichen für eine kommende Sturmflut.

So oft aber wie in den ersten Wochen des Jahres 1825 waren die Glocken noch nie zu hören gewesen, und zugleich zerstörte eine Sturmflut nach der anderen die Brunsbüttler Deiche. Die Kehdinger dagegen, auf der anderen Seite der Elbe, lagen geschützt und unver=

sehrt. Da brach in der Nacht vom 3. auf den 4. Februar eine furchtbare Flut herein, deren ganze Gewalt sich zum ersten Mal nicht gegen die Brunsbüttler, sondern gegen die Kehdinger Deiche richtete. Die hielten zwar stand, doch die Flut stieg immer höher und überschwemmte schließlich das ganze Land. Die Menschen wurden von dem einbrechenden Wasser im Schlaf überrascht. Viele ertranken in ihren Häusern, unter den Überlebenden brachen Hungersnot und Krankheiten aus. Da nach der Überschwemmung ein leichter Frost eine dünne Eisdecke auf dem Wasser bildete, konnte den Kehdingern auch mit Booten keine Hilfe gebracht werden: jede Verbindung zum Land war abgeschnitten.

Am anderen Elbufer beobachteten die Brunsbüttler die hilflose Lage ihrer feindlichen Nachbarn. Eilig rüsteten sie Schiffe aus, und schon nach wenigen Tagen steuerten sie aus ihrem Hafen in der Richtung auf den Kehdinger Außendeich. Die Kehdinger gerieten in schreckliche Aufregung, als sie die Brunsbüttler, schwerbeladen, näherkommen sahen. Sie glaubten genau zu wissen, was ihnen bevorstand. Aber die Nachbarn waren nicht gekommen, um sich zu rächen, und auch ihre Glocken wollten sie nicht zurückholen: Ihre Schiffe waren beladen mit Kleidern, Lebensmitteln und Werkzeugen. Tatkräftig gingen sie daran, den Bedrängten Hilfe zu bringen.

Von nun an war der Glockenzauber gelöst, die Worte der Verwünschung waren im guten, nicht im bösen Sinn in Erfüllung gegangen; denn die Kehdinger hatten ihr Land unter Wasser gesehen, und die Dithmarscher waren ins Kehdinger Land gezogen. Noch immer hört man zuweilen am Dithmarscher Ufer den reinen Klang der Baljer Glocken, aber nicht mehr den unheilverkündenden Klageruf: „Na Brunsbüttel!“

Wie Hiddensee entstand

Nordwestlich von der Insel Rügen liegt die kleine Insel Hiddensee. Sie soll vor langer, langer Zeit ein Ganzes mit Rügen gewesen, jedoch eines Tages von ihr abgetrennt worden sein. Und das kam so:

Es war an einem unfreundlichen Novemberabend. Ein kalter Nordwestwind brauste über Rügen, über die kahlen Felder und durch die knarrenden, entlaubten Eichenwälder. Ganz besonders war dem Sturm ein kleines Fischerdörfchen an der äußersten Nordwestspitze der Insel ausgesetzt. Die Strohdächer seiner ärmlichen, plumpen Lehmhütten hätte er bestimmt davongeführt, wären sie nicht mit großen Steinen beschwert gewesen.

Nur eine der Hütten, abgelegen von den anderen in einer geschützten Vertiefung, war in etwas besserem Zustand. Sie gehörte Mutter Hidden, einer alten Witwe, die hier mit einer Kuh im Stall und ganz abgeschlossen von jedem Verkehr mit den Nachbarn lebte. Mutter Hidden war im Vergleich zu den anderen Bewohnern des Dörfchens wohlhabend. In ihren Truhen ruhten Goldtaler, Wäsche, Seidenstoffe und allerlei Kleinodien. Ihr Mann, der als Lotse bei seiner Arbeit verunglückt war, hatte im Laufe der Jahre viele schöne und kostbare Dinge als Strandrecht zusammengebracht und sie seiner Frau geschenkt. Die aber war mit den Jahren hart und geizig geworden. Niemandem gab sie etwas von ihren Schätzen ab. Sogar ihren einzigen Sohn, der gegen ihren Willen ein braves, aber armes Mädchen aus dem Nachbardorf heiratete, hatte sie verstoßen und ihm verboten, ihr jemals mit seiner Familie wieder unter die Augen zu kommen. Ihre Enkelkinder hatte sie noch nie gesehen.

An diesem stürmischen Abend saß sie beim düsteren Schein des Torffeuers auf der Ofenbank, als es an ihre Tür klopfte. Zunächst tat sie, als höre sie nichts, als aber das Klopfen immer dringlicher wurde, erhob sie sich murrend und schaute hinaus. Draußen stand ein Mann in der Kutte der Corveier Mönche, denen damals die Insel Rügen gehörte, und bat herzlich um ein Nachtlager und ein wenig Abendbrot: Er sei nicht mehr der Jüngste und fühle sich nicht kräftig genug, um bei diesem heftigen Sturm noch in der Nacht sein Kloster zu erreichen. Aber die böse Alte schlug ihm nur schnell wieder die Tür vor der Nase zu und rief, sie brauche ihr bißchen Brot selber und könne es nicht mit unverschämten Bettlern teilen.

Schweigend wandte sich der Mönch ab und kämpfte sich mühsam

weiter bis zum Dorf, wo er an die Tür des letzten Hauses pochte. Es gehörte dem Sohn der Mutter Hidden. Auch seine Frau saß allein noch wach bei den spärlichen Flammen eines kleinen Torffeuers, während ihre Kinder, nur dürftig bekleidet, in der Ecke auf einem Haufen Stroh schliefen. Sie wartete voller Sorge auf ihren Mann, der draußen auf dem Meer war, und flickte dabei mühsam die Maschen eines alten, zerschlissenen Fischernetzes, denn ein neues konnten sie sich nicht kaufen.

Sie öffnete sofort, als sie das Klopfen hörte und führte den erschöpften Mönch zum Feuer. Dann bereitete sie ihm von dem wenigen, das sie hatte, ein schmackhaftes Abendessen und richtete ihm ihr eigenes Lager für die Nacht her. Der Mönch dankte ihr herzlich, legte sich nieder und schlief sofort ein, während sie selbst wach am Feuer sitzen blieb, um weiter ängstlich auf ihren Mann zu warten. Die Nacht verging, ohne daß er heimkehrte.

Am nächsten Morgen, als der Mönch aufbrach, war er noch immer nicht zurück. Aber der Alte tröstete sie damit, daß ihr Mann bei diesem schlimmen Wetter sicher eine Unterkunft bei mitleidigen Seelen gefunden habe und bestimmt wohlbehalten wiederkäme. Zum Schluß sagte er noch zu ihr: „Gebt gut acht, denn die Arbeit, die Ihr heute zuerst beginnt, wird Euch den ganzen Tag gelingen!“ Damit winkte er ihr noch einmal dankend zu und verschwand.

Die Kinder schliefen noch. Sie ließ sie ruhen, denn sie dachte bei sich, daß die armen Würmer an diesem trüben Novembermorgen immer noch früh genug aufwachen würden, um ihre kärgliche Brotsuppe zu verzehren. So ging sie an die Lade, um ein Stück Leinwand hervorzusuchen. Sie wollte etwas davon abschneiden, um ein Hemdchen für ihr kleinstes Kind daraus zu arbeiten.

Doch kaum hatte sie die Elle in die Hand und abzumessen begonnen, wieviel noch übrigbleiben werde, als die Leinwand unter ihren Fingern zu wachsen schien. Je länger sie maß, desto mehr blieb zu messen übrig. Als ihre Kinder wach wurden und ihr Frühstück verlangten, war sie immer noch beim Messen, und die schönste, schneeweiße Leinwand lag in hohen Stapeln überall im Zimmer. Es schien kein Ende

zu nehmen, und so maß sie immer weiter: erst die ganze Stube voll, dann durch den Flur zum Haus hinaus, die ganze Dorfstraße entlang und über die Felder, immer weiter und weiter, bis endlich am Abend ihr Mann zurückkehrte. Es war wie der Mönch ihr gesagt hatte. Er war bei freundlichen Menschen, weit entfernt, aufgenommen worden, hatte dann den Tag über weitergefischt und kehrte nun mit reichem Fang zurück. Verwundert sah er die Berge von Leinen, die seine Frau inzwischen gemessen hatte und fragte, was das wohl zu bedeuten habe. Es schien ihm nicht mit rechten Dingen zuzugehen.

Da erzählte sie ihm die Geschichte von dem Mönch, maß dabei aber immer weiter, bis auch ihr Haus unter lauter Leinwand verschwunden war, und sie hörte erst auf, als sie vor Erschöpfung die Elle nicht mehr halten konnte. Im gleichen Augenblick war auch das Stück zu Ende.

Am nächsten Morgen, als sich im Ort herumgesprochen hatte, welcher Segen durch den alten Mönch in das arme Fischerhaus gekommen war, versammelten sich von allen Seiten die Käufer, die alle möglichst viel von dem schönen weißen Gewebe haben wollten und sich im Preis überboten. So war das arme Fischerpaar schnell von aller Not befreit und konnte sich das schönste Haus im ganzen Dorf bauen.

Auch die böse alte Mutter Hidden hörte natürlich von dem Glück, das der Familie ihres Sohnes durch den alten Mönch widerfahren war, den sie abgewiesen hatte. Der Gedanke, daß sie sich durch ihren eigenen Unverstand um dieses Glück gebracht hatte, ließ ihr keine Ruhe mehr, und Neid und Habgier verzehrten sie fast. So machte sie sich denn auf, den alten Mönch zu suchen.

Sie war noch gar nicht weit gegangen, als er ihr entgegenkam. Unter vielen Entschuldigungen lud sie ihn ein, doch in der nächsten Nacht mit ihrer bescheidenen Hütte vorlieb zu nehmen, gestern sei sie nur in gereizter Stimmung gewesen und habe ihre Unfreundlichkeit inzwischen bitter bereut. Der Mönch hörte ihr aufmerksam zu und versprach, am Abend zu kommen.

Da setzte ihm Frau Hidden das Beste vor, was sie hatte finden können und richtete ihm ihr eigenes Bett zum Nachtlager, während sie selbst auf dem Boden schlief. Am Morgen bedankte sich ihr Gast höflich und schied von ihr mit den gleichen Worten, die er zu ihrer Schwiegertochter gesagt hatte.

Voll der schönsten Erwartungen beschloß sie, mit der Arbeit zu beginnen, die ihr den größten Nutzen versprach: Sie wollte ihr Geld zählen! Aus der Truhe holte sie den alten Lederbeutel mit den Goldtalern und wollte ihn gerade auf dem Tisch entleeren, als auf einmal die Kuh im Stall ganz jämmerlich brüllte. Da fiel ihr mit Schrecken ein, daß sie am gestrigen Tag vor lauter Aufregung vergessen hatte, das Tier zu tränken. Weil sie keinesfalls auf die gute Milch verzichten wollte, wenn die Kuh krank würde, ergriff sie schnell einen Eimer, um Wasser aus dem Brunnen zu schöpfen. Aber als sie ihn vollgepumpt hatte, blieb die Brunnenstange fest an ihrer Hand haften und pumpte von selbst weiter.

Immer wieder mußte die Mutter Hidden den Eimer heraufziehen, immer mehr Wasser strömte aus dem Brunnen, und schon reichte es ihr bis an die Knie. Verzweifelt schrie sie um Hilfe, doch niemand hörte sie. Je höher das Wasser stieg, desto höher kletterte sie in ihrer Angst, bis sie schließlich auf dem Dach ihres Häuschens stand, immer um Hilfe rufend. Endlich wurde sie auch von dem weiter liegenden Dorf aus gesehen, und auch die Leute wurden von Angst gepackt: Was sollte geschehen, wenn das Wasser immer höher stieg? Schon hatte es den ganzen Besitz der Frau Hidden davongespült, nur die Kuh hatte sich losgerissen und war aufs Trockene gelaufen. Wie ein großer, tiefer Graben zog sich das Wasser bereits zwischen der äußersten Spitze der Insel, auf der das Häuschen stand, und dem übrigen Teil.

Doch da ging die Sonne unter, und im gleichen Augenblick war der Zauber beendet. Die Fischer kamen mit ihren Booten und holten die halbtote alte Frau von ihrem schwankenden Dach herunter. Am Strand kamen ihr Sohn und ihre Schwiegertochter mit den Kindern auf sie zu und baten sie herzlich, von nun an für immer in Frieden bei ihnen zu leben. Da endlich zerbrach der harte Sinn der alten Frau und sie schloß ihre Kinder dankbar in die Arme. Die Nordwestspitze von Rügen aber ist seitdem eine kleine Insel, die den Namen der Frau trägt, die sie einst bewohnte: Hiddensee.

Der Riese und das Riesenmädchen

Ein Riese auf Rügen und ein Riesenmädchen aus Pommern hatten sich ineinander verliebt. Sie hatten keinen größeren Wunsch, als bald zu heiraten, aber die Mutter des Riesenmädchens war ganz und gar nicht einverstanden. Sie hatte mit ihrer Tochter sehr hochfliegende Pläne, denn sie sollte die Frau des Riesenkönigs von Pommern werden. Der einfache Riese von Rügen war ihr als Schwiegersohn viel zu arm.

Nun hätten die beiden sich leicht heimlich treffen können, denn bei ihrer Größe waren es von der Insel hinüber zum pommerschen Ufer nur ein paar Schritt. Aber diese paar Schritt führten durchs Meer, und die Wasserspuren ihrer Schuhe hinterließen überall kleine Teiche und Rinnsale, welche die argwöhnische Mutter des Mädchens natürlich sofort entdeckte.

Da kam der Riese von Rügen auf den Einfall, einen Damm hinüber zu bauen. Er füllte seine Schürze prall mit Erde, aber als er damit bis über Rodenkirchen gekommen war, bekam sie ein Loch, und aus der herausfallenden Erde wurden die neun Berge von Rambin. Mühsam hielt er das Loch mit der Hand zu, bis bei Gustow abermals dreizehn kleine Berge herausfielen. Den Rest schüttete er endlich ins Meer, aber es reichte nur noch für den Prasnizer Hacken und die kleine Halbinsel Drigge.

Da bat er seine Angebetete, es doch einmal zu versuchen, und auch sie füllte sich ihre Schürze voll Erde. Aber auch ihre Schürze riß, und was aus dem Loch fiel, bildete den Berg Dubberavorth. Die Mutter hörte das Gepolter, und als sie wütend angelaufen kam, ließ ihre Tochter vor Schreck auch den Rest noch fallen, woraus die dürren Hügel von Lietzow entstanden.

Es war ein Glück für die beiden, daß der Riesenkönig von Pommern sich eines Tages eine andere zur Frau wählte. Da gab die Mutter endlich ihren Widerstand auf, und der Riese von Rügen und das Riesenmädchen von Pommern wurden ein glückliches Paar.

Der verwunschene Prinz

Einst weidete ein Schäfer seine Herde am Strand von Norderney. Da spülte das Meer eine Muschel vor seine Füße. Er hob sie auf und wollte sie gerade an einem Stein aufschlagen, weil er eine Perle darin zu finden hoffte, als sie sich von selbst öffnete. Aus dem Inneren stieg ein winziges Männchen, das den Schäfer anflehte, sein Gehäuse nicht zu zerstören, da es sonst sterben müsse. Der Schäfer erschrak fürchterlich und setzte die Muschel schnell wieder ins Meer. Da sah er voll Staunen, wie sie groß und größer wurde und schließlich die Gestalt eines Bootes annahm, das vier Matrosen ruderten. Am Steuer saß ein glückstrahlender Jüngling. Er rief dem Schäfer zu, daß er ein verwunschener Prinz sei, seit Jahren wegen seiner Hartherzigkeit in diese Muschel verbannt. Nicht eher könne er erlöst werden, als bis jemand ihm aus Barmherzigkeit eine Bitte erfülle. Nun habe der brave Schäfer ihn erlöst. Da segelte ein stolzes Schiff heran, das den Prinzen und seine Begleiter aufnahm und mit ihnen davonfuhr. Der Schäfer glaubte zu träumen und sah dem Schiff so lange nach, bis die Mastspitzen am Horizont verschwanden.

Als er sich wieder seiner Herde zuwenden wollte, hörte er in den nahen Binsen das laute Schnattern einer Ente. Er ging dem Lärm nach und sah eine Wildente von ihrem Nest aufflattern. Aber anstelle von Eiern lagen darin zwanzig große goldene Muscheln, die er an sich nahm und später für vieles Geld verkaufte. So wurde er ein reicher Mann und brauchte nie mehr Schafe zu hüten.

Der Meerweizen

Wenn die Bremer Schiffe nach Amsterdam fahren, kommen sie an einer Stelle vorbei – es soll bei Harlingen sein –, wo Weizen im Meer wächst. Goldgelb kommen die Ähren aus dem Wasser hervor, aber sie haben keine Körner. Darüber erzählt man sich eine seltsame Geschichte:

Einst lebte in dieser Gegend eine Jungfrau. Sie war sehr hochmütig und so reich, daß sie gar nicht glaubte, sie könne jemals arm werden. Eines Tages rief sie ihren Schiffsmeister: „Gehe auf eine große Fahrt," befahl sie ihm, „und bringe mir eine Ladung vom Edelsten und Besten zurück, das es auf der Welt gibt!" Als der Seemann sie fragte, was sie sich darunter vorstelle, schickte sie ihn ungeduldig davon.

Unschlüssig fuhr der Schiffsmeister ab. Er dachte lange nach, was er tun solle, denn er kannte die böse, hochfahrende Art seiner Herrin und wollte nicht das Falsche mitbringen von seiner Reise. Endlich sagte er sich: „Ich will ihr eine Ladung vom besten Weizen bringen, den ich finden kann. Denn was gibt es Edleres auf der Welt?"

So steuerte er sein Schiff nach Danzig, ließ es mit ausgesuchtem Weizen beladen und kehrte dann, immer noch unruhig und besorgt, wie er empfangen würde, in seine Heimat zurück. „Nanu, Schiffsmeister", rief ihm die Jungfrau entgegen, „du bist schon wieder hier? Ich dachte, du bist an der Küste von Afrika, um Gold und Elfenbein einzukaufen. Laß sehen, was du geladen hast!"

Zögernd berichtete er: „Edle Jungfrau, ich habe Euch den besten Weizen mitgebracht, der auf der ganzen Welt zu finden ist!" „Weizen?" fragte die Jungfrau mit langem Gesicht. „Weizen wagst du mir zu bringen?" und sie stampfte zornig mit dem Fuß auf.

„Ich dachte, es sei doch etwas sehr Edles, was uns unser tägliches Brot gibt!"

„Ich will dir zeigen, wieviel mir deine Ladung wert ist!" schrie die Jungfrau zornig. „Von welcher Seite ist das Schiff geladen?"

„Von der rechten Seite", antwortete der Schiffsmeister.

„So befehle ich dir, daß du sofort die ganze Ladung auf der linken Seite ins Wasser schüttest! Und ich will mit eigenen Augen sehen, ob du meinen Befehl befolgst."

Der Seemann zögerte, diesen sündhaften Befehl auszuführen. Deshalb ließ er alle armen und bedürftigen Leute aus der Stadt zum Schiff rufen, um durch ihren Anblick das harte Herz seiner Herrin zu erweichen.

Als sie kam, war ihre erste Frage: „Wie ist mein Befehl ausgerichtet?"

Da fielen die Armen vor ihr auf die Knie und baten, daß sie das Korn an sie verteilen lassen solle, statt es ins Meer zu schütten. Aber das Herz der reichen Jungfrau war hart wie Stein. Sie zuckte nur die Schultern und erneuerte ihren Befehl.

Da konnte der Schiffsmeister nicht länger an sich halten und rief mit lauter Stimme: „Wenn es wahr ist, daß der Himmel das Gute lohnt und das Böse straft, so wird ein Tag kommen, an dem Ihr die edlen Körner eigenhändig vom Meeresboden holen möchtet, um Euren Hunger damit zu stillen!"

„Wie?" rief die Jungfrau und lachte höhnisch. „Ich sollte arm werden? So sicher das nicht möglich ist, sollen auch meine Augen diesen Ring nicht wiedersehen, den ich jetzt in die See werfe!" Damit zog sie einen kostbaren Ring von ihrem Finger, warf ihn hinab, und dann wurde der Weizen ins Meer geschüttet.

Einige Tage später ging die Köchin der reichen Jungfrau auf den Markt, um einen Schellfisch für den Mittagstisch zu kaufen. Als sie das Tier aufschnitt, fand sie in seinem Leib einen kostbaren Ring, den sie ihrer Herrin zeigte. Die erbleichte, als sie ihn sah: Es war der Ring, den sie ins Meer geworfen hatte! Kurz darauf traf die Botschaft ein, daß ihre ganze aus dem Morgenland kommende Flotte gestrandet sei. Dann kam die Nachricht über weitere untergegangene Schiffe, auf denen sie reiche Ladung hatte. Ein anderes Schiff raubten ihr die Mohren und Türken. Der Zusammenbruch einiger Handelshäuser, die ihr zum Teil gehörten, vollendete schließlich ihr Unglück. Es war noch kein Jahr vergangen, als die Worte des Schiffsmeisters für sie schreckliche Wahrheit wurden: Arm und von niemand bemitleidet, aber von vielen verspottet, sank sie immer tiefer in Not und Elend. Hungrig und abgemagert bettelte sie um Brot vor den Türen der Leute, die ihr oft keinen Bissen reichten. Eines Tages starb sie verkümmert und verzweifelt.

Der Weizen aber, der ins Meer geschüttet worden war, begann zu wachsen, doch er trug taube Ähren. Noch immer sproßt er jährlich an der gleichen Stelle: ein Gras ohne Blüten, wie man es sonst nirgends auf der Erde findet.

VON WASSERMÄNNERN, NIXEN UND ANDEREN GEISTERN

Insel Neuwerk

Dort, wo sich die Wellen der Nordsee und der Elbe vereinigen, liegt die Insel Neuwerk mit ihren flachen Ufern, ihren spärlichen Feldern, dem hohen Leuchtturm und den einfachen Häusern ihrer Bewohner. Die Leute von der Insel haben nur wenig Verbindung mit den Fest=landbewohnern oder mit der Felseninsel Helgoland, und nur selten kommen Fremde zu Besuch.

Vor vielen tausend Jahren war das ganz anders. Stolz hob sich die Insel aus den Fluten. Sie war bedeckt von Wiesen voller Blumen und fruchtbaren Gärten, in denen goldene Früchte an silbernen Zweigen hingen. Ihr Gestein schimmerte wie die Sterne am Himmel. Eine mächtige Königin herrschte auf der Insel. Sie war gerecht und gütig und widmete sich ganz der Erziehung ihrer Tochter. Ihre Untertanen liebten sie sehr, denn alles was sie brauchten und wünschten, ge=währte ihnen die Königin.

Die junge Prinzessin war schön wie ein Geschöpf aus einer anderen Welt. Wer sie sah, wurde bei ihrem Anblick heiter, zufrieden und glücklich, und wer sich einmal einen besonders guten Tag machen wollte, der suchte ihre Nähe, um in ihre strahlenden Augen zu sehen. Augentrost wurde sie deshalb von allen genannt.

Aber was den Menschen dieser stillen Insel Glück und Heiterkeit schenkte, war bestimmt, sie zu vernichten.

Das Gerücht von der Schönheit der Prinzessin verbreitete sich auch auf dem Festland, und immer mehr Prinzen und regierende Fürsten kamen nach Neuwerk, um Augentrost zu sehen und um sie zu wer=

ben. Aber einer nach dem anderen erhielt einen Korb. Endlich wurde es wieder still auf der Insel, denn die hochgeborenen Freier wurden es schließlich müde, um nichts die gefahrvolle Überfahrt zu wagen. Alles ging wieder seiner gewohnten Beschäftigung nach, bis eines Tages ein unerwartetes Ereignis alle Bewohner der Insel in Angst und Schrecken versetzte.

Die Prinzessin war gerade aufgestanden. Sie hatte ein einfaches Morgenkleid angezogen und kämmte sich vor ihrem geschliffenen Diamantspiegel ihr blondes Haar. Plötzlich hörte sie aus dem Garten eine klagende Stimme: „Prinzessin Augentrost! Prinzessin Augentrost! Gönne mir doch nur einen kurzen Augenblick die Wonne dich zu sehen und mit dir zu sprechen, denn mein Herz ist traurig und verlangt so sehr nach dir!"

Mitleidig, aber natürlich auch ein bißchen neugierig trat die Prinzessin hinaus auf den Balkon. Doch mit einem lauten Angstschrei bedeckte sie sofort ihr Gesicht mit den Händen: Ein gewaltiger, häßlicher Riese stand vor ihr. Er hatte die Ellbogen auf das Geländer des Balkons gestützt, und das unförmige Haupt ruhte zwischen seinen Händen.

„Grüß dich Gott, schönes Prinzeßchen!" sagte er mit grober Stimme. „Ich bin der Wasserkönig von Wangeroog und komme, um eine Königin für meine Insel und ein Weib für mich zu suchen. Du gefällst mir. Drum sage ja und ziehe mit mir in deine neue Heimat!"

Augentrost war so fürchterlich erschrocken, daß sie nur zwischen ihren Fingern hindurchlugte und stotterte, der Riese solle sich an ihre Mutter wenden, so sei es Sitte in diesem Land. Dann eilte sie, kaum daß der Fremde davongetrottet war, in den entferntesten Teil des Gartens zu ihrer Lieblingslaube.

Aber an diesem merkwürdigen Tag war alles anders als sonst: Augentrost fand den einsamen Platz bereits besetzt. Den Unbekannten, der sich bei ihrem Näherkommen erhob und ihr entgegenkam, betrachtete sie allerdings nicht mit Schrecken, sondern mit entzücktem Staunen. Es war ein wunderschöner Jüngling mit heller Haut und lichtem Haar, schlank und doch kräftig gewachsen, ein Glanz wie von Morgenfrische und Sonnengold strahlte von ihm aus. Er verneigte

sich tief vor Augentrost und sprach: „Zürne mir nicht, daß ich es gewagt habe, dich an deinem Lieblingsplatz aufzusuchen. Schon lange beobachte ich dich aus der Ferne, denn ich liebe dich sehr. Nun kann ich nicht länger schweigen. Ich bin der Prinz der Blumeninsel Terschelling. Wenn du mich für würdig hältst, mein reiches Erbe mit mir teilen zu wollen, so wirst du mich sehr glücklich machen."
Die Augen der jungen Prinzessin wurden immer strahlender bei diesen Worten, und das ermutigte den Jüngling, seine Werbung fortzusetzen. Er ergriff Augentrosts Hände, streichelte ihre Wangen, und nachdem sie sich alles erzählt hatten, was sie voneinander wissen wollten, beschlossen sie, daß der Prinz die Königin um die Hand ihrer Tochter bitten solle. Dann trennten sie sich und gingen auf verschiedenen Wegen zurück ins Schloß.
Inzwischen hatte sich der Wasserkönig von Wangeroog bei der Königin melden lassen. Da er wegen seiner Länge nicht durch die Eingangspforte kam, war die Königin gezwungen, ihn im Schloßhof zu empfangen. Dort brachte der Riese zum Entsetzen des ganzen Hofes seine Werbung vor. Aber noch ehe die Königin etwas erwidern konnte, lief die Prinzessin mit abwehrend erhobenen Händen herbei und rief: „Ich will nicht! Ich will nicht!"
„Nicht?" schrie der Wasserkönig und stampfte mit dem Fuß, daß die Erde erbebte.
Da trat der Herrscher der Blumeninsel Terschelling vor und sagte mit klarer Stimme: „Weil ich sie liebe, weil sie mich wiederliebt und weil ich um ihre Hand anhalten will." Augentrost rief schnell: „Ja, der ist es, den ich liebe und heiraten will!"
Die Hofleute und das Volk jubelten laut, aber der Riese begann gräßlich und mißtönend zu lachen. Mit einem Griff seiner Riesenfaust packte er den Prinzen und setzte ihn auf seine Schulter. „Ihr sollt sehen, daß der Wasserkönig von Wangeroog auch ein mächtiger Zauberer ist!" brüllte er. Dann fuhr er mit seiner Pranke über die zarte Gestalt des Prinzen, daß alles entsetzt aufschrie. Als der Prinz die Arme ausstreckte, um sich zu verteidigen, verwandelten sie sich in zwei Flügel. Zugleich wuchs aus seinem schönen Gesicht ein langer

Schnabel hervor, ein glänzender Busch von bunten Federn bedeckte seinen Kopf, seine Füße wurden zu Vogelklauen. Sein ganzer Körper aber schrumpfte zusammen, sodaß er schließlich nicht viel größer war als ein Papagei.

„Ich gehe jetzt", rief der Wasserkönig, „und den da nehme ich mit. Bald kehre ich wieder. Fürchtet meinen Zorn, wenn ihr euch inzwischen nicht anders besonnen habt!" Er stapfte mit dem unglücklichen Prinzen durchs Meer zurück nach seiner Insel und sperrte ihn dort in einen Käfig, den er eigenhändig flocht. Nach zwei Tagen kam er wieder in Augentrosts Reich.

Dort aber wurde er voll Haß und Abscheu empfangen, und Augentrost, die Tag und Nacht in ihrem Gemach saß und weinte, ließ sich nicht blicken. Das erbitterte den Wasserkönig, sodaß er zornglühend ausrief: „Gut! Ich will von meiner Werbung ablassen, aber von nun an seid Ihr verloren. Liebt nur Euren Prinzen, der jetzt in seinem Käfig hin und her hüpft. Ihr sollt ihn und das Sonnenlicht nicht wiedersehen!"

Damit sprang der Riese rücklings ins Meer und tauchte unter. Zugleich verfinsterte sich der Himmel, ein furchtbarer Sturm erhob sich und wühlte das Meer auf. Lautes Wehklagen ertönte auf der Insel, das aber bald im Heulen des Windes und der Flut unterging. Als der Tag anbrach, sah man die Zerstörung: Die Wellen hatten den Boden des Meeres aufgewühlt und die ganze glückliche Insel mit ihren Bewohnern, ihren Gärten und Schlössern unter Sand und Felsen begraben, auch Prinzessin Augentrost und ihre Mutter, die Königin. Nur ein riesiger, öder, sandiger Hügel ragte aus den unruhigen Wogen.

Da tauchte der Riese aus der Flut, legte seinen Mund auf den Hügel und schrie: „Jetzt habt Ihr Zeit, in Eurem Grab zu jammern und nachzudenken, schöne Prinzessin! Zum Ende eines jeden Jahres werde ich den verzauberten Prinzen zu Euch schicken. Der mag Euch fragen, ob Ihr mich erhören wollt. Sobald er mir Eure Einwilligung bringt, löse ich den Zauber, der Euch und ihn gefangenhält. Bis dahin lebt wohl und laßt Euch die Zeit nicht zu lang werden!"

In seinem Reich wieder angekommen, trat er zu dem Prinzen, der traurig in seinem Käfig saß und sprach: „Warte, bis das Jahr zu Ende geht, dann will ich deinen Käfig öffnen. Du fliegst nach der Insel deiner angebeteten Prinzessin und auf den Hügel, den du dort findest. Frage sie, ob sie ihren Willen zu unser aller Bestem geändert habe. Aber halte dich nicht mit anderen Fragen auf, denn du darfst nur einen Augenblick verweilen."

Neue Hoffnung erfüllte den unglücklichen Prinzen, und als das Jahr vergangen war, flog er aus seinem Kerker zu dem Hügel, der seine Geliebte deckte und rief: „Ich frage dich nicht, wie du denkst, denn das weiß ich. Habe Vertrauen zu mir, ich werde dich befreien. Jetzt aber muß ich zurück in mein Gefängnis. Leb wohl!"

Ehe er wegflog, füllte er seinen Schnabel mit Erde vom Grabhügel seiner Geliebten und ließ sie weit draußen ins Meer fallen. Er tut es Jahr um Jahr. Seinem Gebieter immer die gleiche abschlägige Antwort bringend, trägt er alljährlich einen Schnabel voll Erde von der Insel Neuwerk. So hofft er, nach langer, langer Zeit die Geliebte eines Tages erlösen zu können. Heute ist der Hügel verschwunden und die Insel zu einer Ebene geworden. Wenn aber hohe Sturmfluten kommen, dringt das Wasser schon weit hinein ins Land. –

Der Meermann Ekke Nekkepenn

Einst segelte ein Schiff nach England. Unterwegs kam ein starker Sturm auf, so daß die Schiffsleute schon glaubten, ihre letzte Stunde habe geschlagen. Mitten in der Nacht versagte auch noch plötzlich das Steuerruder. Als einige Matrosen über Bord blickten, sahen sie, wie ein riesiger Mann seinen Kopf aus dem Wasser reckte. Er verlangte, den Kapitän zu sprechen. Als der Kapitän kam, erklärte er: „Ich bin der Meermann Ekke Nekkepenn. Meine Frau wird heute Nacht ein Kind bekommen und verlangt, daß Deine Frau ihr beisteht."

„Aber meine Frau schläft und kann nicht kommen", antwortete der Kapitän ärgerlich.

„Sie muß!" sagte der Meermann. „Denn sonst regt meine Frau die Wellen noch mehr auf und Euer Schiff geht zugrunde."
Die Kapitänsfrau hatte von der Kajüte aus alles mit angehört. Sie kam herauf und erklärte, sie sei bereit, mit dem Meermann zu seiner Frau zu gehen und ihr zu helfen. Damit sprang sie in das tobende Wasser und verschwand mit dem Meermann in den Wellen. Im gleichen Augenblick beruhigte sich das Meer und der Sturm ließ nach.
Der Kapitän war in großer Sorge um seine Frau. Da hörte er plötzlich aus der Tiefe herauf den alten friesischen Wiegengesang: „heia! heia! hei!" und wußte, daß das Kind geboren war und sie bald wiederkommen würde. Und so war es auch. Nach einer Stunde teilten sich die Wogen, seine Frau tauchte aus dem Wasser und stieg ins Schiff. Sie war kaum naß geworden, hatte die Schürze voller Gold und wußte eine Menge zu erzählen: Das Meerweib hatte ein Kleines bekommen, das man auf Sylt ‚Meerkalb' zu nennen pflegt, und der Meermann hatte sich so gefreut, daß er die Kapitänsfrau reich beschenkt hatte für ihre Hilfe.
Von nun an hatte das Schiff guten Wind und segelte bald wieder heim nach Sylt. In Zukunft aber nahm der Kapitän seine Frau nie mehr auf Reisen mit, sondern ließ sie zu Hause in Rantum, wo er wohnte.
Inzwischen vergingen viele Jahre. Das Meerweib wurde alt und häßlich, und der Meermann fand keinen Gefallen mehr an ihr, sondern mußte immer an die hübsche Frau des Schiffers denken. Endlich beschloß er, seine Frau zu verlassen, einen Sturm zu erregen, in dem der Schiffer umkommen sollte und dann seine Witwe zu heiraten. In seiner Torheit dachte er gar nicht daran, daß sie während der langen Zeit auch älter geworden war.
Als er eines Tages das Schiff des Rantumer Kapitäns wieder auf See sah, hielt er den Zeitpunkt für gekommen. Er sagte also zu seiner Frau: „Heute will ich Heringe fischen. Mahle du das Salz für die Heringslauge, bis ich wiederkomme!" Er wußte nämlich, daß sie damit einen großen Aufruhr auf dem Meeresgrund verursachen würde. Als der Sylter Schiffer sich dem Mahlstrom näherte, wurde sein Schiff hineingezogen und ging mit ihm und allen seinen Leuten unter

Inzwischen schwamm Ekke Nekkepenn nach Sylt und ging bei Hör=num aufs Land. Er spazierte am Strand entlang und dachte immer nur an die Frau des Kapitäns. Da begegnete ihm am Abend beim Küssetal ein bildhübsches Mädchen, das er für die Angebetete hielt. Aber es war ihre inzwischen herangewachsene Tochter, die ihrer Mutter sehr ähnlich sah. Ekke Nekkepenn, der sich in einen Sylter Schiffer verwandelt hatte, näherte sich ihr mit vielen schönen Redens=arten. Er steckte ihr einen goldenen Ring an den Finger, legte ihr eine goldene Kette um den Hals und sprach: „Nun habe ich dich gebun=den, nun bist du meine Braut!"

Das Mädchen wurde sehr ängstlich, begann zu weinen und bat ihn, sie doch gehen zu lassen. Ring und Kette gefielen ihr allerdings so gut, daß sie sich nicht entschließen konnte, sie ihm zurückzugeben. Da ergriff Ekke Nekkepenn ihre Hand und sprach:

„Ich mag dich, muß dich haben!
Magst du mich? Sollst mich kriegen!
Willst du nicht, kriegst mich doch.
Mittwoch haben wir Gelag.
Doch kannst sagen, wie ich heiß,
Dann bist frei, meiner los."

Darauf ließ er das Mädchen gehen. Sie mußte ihm nur versprechen, am nächsten Abend zu kommen. Erleichtert lief sie davon, denn sie hielt es für eine Kleinigkeit, den Namen ihres merkwürdigen Freiers zu erfahren. Aber wo sie auch fragte, man kannte ihn nicht. Ganz verzweifelt und weinend ging sie am nächsten Abend wieder zum Strand. Sie lief immer weiter, bis sie nach Thorsekke auf Hörnum kam. Da glaubte sie, auf dem Berg jemand singen zu hören. Sie blieb stehen und horchte:

„Heute soll ich brauen,
Morgen soll ich backen,
Übermorgen will ich Hochzeit machen.

Ich heiße Ekke Nekkepenn,
Meine Braut ist Inge von Rantum
Und das weiß niemand als ich allein."

Als die Tochter der Witwe das hörte, freute sie sich sehr. Schnell eilte sie zum Küssetal und wartete dort auf ihren Freier. Schon von weitem rief sie ihm zu: „Du heißt Ekke Nekkepenn und ich bleibe Inge von Rantum!" Dann lief sie davon, nach Hause, und den goldenen Ring und die goldene Kette nahm sie mit. Der Meermann aber stand da und hatte das Nachsehen.
Von diesem Tage an war er böse auf alle Rantumer. Er fügte ihnen Schaden zu, wo er nur konnte, überfiel ihre Schiffe im Sturm und jagte die Seeleute auf den Grund zu seinem alten Weibe, die sie in ihren Netzen fing. Und wenn Sand und Flut ihre Häuser und Gärten zerstören, dann wissen die Rantumer, daß es Ekke Nekkepenn getan haben muß.

Der Meermann und die Zwerge von Sylt

Eines Tages erfuhr Ekke, daß außer den Rantumern ein anderer, sehr kleiner Menschenschlag auf dem Nordende von Sylt wohne. Als die Friesen nämlich nach Sylt kamen, hatten sie die kleinen Leute, die schon vor ihnen hier ansässig waren, nach Norden in die Heide vertrieben und sie dort wohnen lassen. Da sie in den Hügeln unter der Erde hausten, nannte man sie die Unterirdischen. Sie trugen rote Mützen auf dem Kopf, lebten von Beeren und Schaltieren, fingen Fische und Vögel und sammelten Eier. Ihre steinernen Äxte, Messer und Streithämmer schliffen sie sich selbst und machten auch Töpfe aus Erde und Ton. Sie waren bettelarm, aber immer fröhlich, sangen und tanzten oft im Mondschein auf ihren Hügeln.
Allerdings waren sie ziemlich falsch und arbeiteten nur das Notwendigste. Lieber stahlen sie, was sie bekommen konnten, sogar Kinder und hübsche Mädchen und Frauen. Daher mußten die Friesen, welche

nahe bei der Heide wohnten, ständig aufpassen, daß ihre Frauen und Töchter nicht entführt und ihre kleinen Kinder nicht verwechselt wurden. Übrigens waren die Unterirdischen alle miteinander Heiden, sie konnten auch hexen und verwandelten sich oft in Mäuse und Kröten. Ihr Oberster hieß Finn und wohnte im höchsten Hügel mitten in der Heide.

Ekke Nekkepenn beschloß in seiner Unruhe und Unzufriedenheit, sein Glück bei den Unterirdischen zu versuchen. Er nahm sich eine Höhle auf dem roten Kliff zur Wohnung und begann um ein Zwergenfräulein zu freien. Aber auch hier hatte er kein Glück: Das Zwergenmädchen war hochmütig und gab ihm auf der Stelle einen Korb. Da wußte sich Ekke keinen anderen Rat, als den Zwergenkönig Finn aufzusuchen und ihn zu fragen, wie er am besten zu einer neuen Frau käme.

Er traf den Zwergenkönig in allerbester Laune an. Finn hatte gerade Hochzeit gefeiert mit einem schönen Mädchen aus Braderup und erzählte Ekke bereitwillig, wie er zu seiner Braut gekommen war:

Vor kurzem hörte er, wie ein Mädchen aus Braderup zu ihrer Freundin sagte: „Ach, wenn ich's doch so gut hätte wie diese Unterirdischen! Sie sind immer lustig, tanzen und singen jeden Abend und arbeiten nur, wenn sie dazu Lust haben!" Ein paar Tage danach kam sie am frühen Morgen an seinem Hügel vorbei. Er lief schnell zu ihr hinaus und fragte sie, ob sie das auch wirklich meine, was sie neulich gesagt habe. Das Mädchen erwiderte lachend: „Ich meine alles, was ich sage!" „Dann bleibe du bei mir und werde meine Frau," sagte der Zwergenkönig, „du sollst es genau so gut bekommen, wie wir es haben." Da nahm sie seine Hand und sagte einfach ja.

Finn führte das Mädchen in seinen Hügel, und schon am nächsten Abend feierten sie Hochzeit. Alle Zwerge aus der ganzen Heide kamen als Gäste, im Feiertagsstaat und jeder mit seiner Hochzeitsgabe. Sie brachten Näpfe und Schälchen voller Beeren und Muscheln, Töpfchen oder Fingerhüte mit Milch und Honig, Mausefallen und Fischnetze, Besen, Kämme, Löffel und Schleifsteine, Schnupftücher, Bettlaken, Nägel und Schlüssel.

Die Hochzeitstafel war reich gedeckt. Heringsmilch und Rogen bekamen die Gäste vorgesetzt, geröstete Sandspierlinge, gesalzene Eier, Iltisbraten, Austern mit Heidelbeeren und Moosbeeren. Dazu kreiste der Met in den Bechern.

König Finn saß auf seinem Thron, dem großen Sesselstein. Er trug einen Mantel von weißen Mäusefellen und eine Krone, die einem Seeigel aus lauter Edelsteinen glich. Neben ihm saß seine junge Frau, die nun Königin war und nie mehr wie ein Bauernmädchen arbeiten mußte. Ihr Kleid war so fein und durchsichtig wie aus lauter Libellenflügeln genäht. Ihr Kranz war aus den schönsten Heideblumen geflochten, mit Edelsteinen und Diamanten besteckt, und an jedem Finger trug sie einen goldenen Ring. Kurzum, Finn war überglücklich mit seiner geliebten Isa.

Kaum hatte Ekke Nekkepenn das vernommen, als er auch schon beschloß, ein Mädchen aus Braderup zu heiraten. Finn bestärkte ihn in diesem Plan, denn er sagte, es gäbe dort noch mehr Mädchen, die lieber heiraten als arbeiten möchten.

So saß er am nächsten Morgen vor seiner Höhle und hing seinen Träumen nach, als ein bildschöner Jüngling vorbeikam und hinunter zum Haff ging, um zu baden. Es war aber Dorret Bundis aus Braderup, die nur aus Angst vor den Unterirdischen Männerkleidung trug. Sie erschrak deshalb fürchterlich, als der Riese plötzlich neben ihr im Wasser auftauchte und sie festhielt. All ihr Weinen und Flehen half nichts: Ekke Nekkepenn gab sie erst frei, als sie eingewilligt hatte, seine Frau zu werden. Nur versprach er ihr, niemand von den Unterirdischen zu sagen, daß sie ein Mädchen sei.

Der Meermann war bis über beide Ohren verliebt, und weil er es nicht fertigbrachte, sein Geheimnis gänzlich zu verschweigen, saß er allabendlich im Mondschein vor seiner Höhle und sang:

„Ekke soll brauen
Und Ekke soll backen,
Ekke, er will Hochzeit machen.
Dorte Bundis ist seine Braut.

Ich bin Ekke Nekkepenn,
Und das weiß niemand als ich allein."

Natürlich hörten das einige Leute von Braderup, und so wurde die Verlobung bekannt. Dorret schämte und ärgerte sich schrecklich darüber, und auch die Braderuper waren außer sich vor Zorn über den Riesen. Sie begannen, alle ihre toten Kälber und Hunde in die Schlucht vor Ekkes Wohnung zu werfen – einmal auch eine tote Katze. Dazu riefen sie: „Das ist Bundis Katze, die kannst du heiraten!" Noch heute heißt die Stelle das Aastal.
Ekke konnte es schließlich nicht mehr aushalten und ergriff die Flucht. Er ging zu König Finn und klagte ihm seinen Kummer. Der aber

wurde ärgerlich, als er das hörte. „Du bist zu dumm für die Unterirdischen!" sagte er spöttisch. „Wenn man ein Mädchen hat, behält man es und hält den Mund. Du hast nichts Besseres verdient, gehe nur wieder zurück ins Meer!"
Das wäre nun wirklich das Klügste gewesen, was er hätte tun können. Stattdessen wurde Ekke zornig. „Ich werde dir zeigen, daß ich klüger als du bin und nicht nur zur See Macht habe!" schrie er. Dann setzte er sich auf den Sessel des Zwergenkönigs und rief: „Wenn du stärker bist als ich, dann stoße mich von dem Stein herunter. Sonst bleibe ich auf der Heide als König der Unterirdischen!"
Finn sah ein, daß er bei einem Ringkampf mit dem Riesen nichts zu gewinnen hätte und dachte sich daher eine List aus. Als seine junge

Frau mit dem Kind auf dem Arm vorbeikam, das sie vor einigen Tagen gerade bekommen hatte, sagte er ganz beiläufig zu Ekke: „Es ist ein Schiff auf den Strand gekommen. An Bord hat es Affen, die Komödie spielen. Wir, ich und meine Frau, wollen uns das heute abend ansehen. Du kannst hierbleiben und auf das Kind in der Wiege aufpassen."

„Nein!" rief da Ekke. „Ich will auch mit!" und sprang auf. Aber er setzte sich schnell wieder hin, band sich den Sesselstein auf den Rücken und keuchte dann mit ihm davon in Richtung auf den Strand. Finn und seine Frau lachten sich ins Fäustchen.

Ekke Nekkepenn schleppte den riesigen Stein über die Heide, und der Schweiß lief ihm in Strömen übers Gesicht. Nach einer Stunde war er so erschöpft, daß er den Stein fallen und sich darauf sinken ließ. So saß er die ganze Nacht, glotzte in die Niederung, die seitdem das Affental heißt und wartete auf den Beginn der Vorstellung.

Am anderen Morgen endlich, während er immer noch auf dem Königsstuhl saß und wartete, geschah etwas: Er sah eine ganze Truppe von Zwergen über die Kesseldünen vom Strand heraufkommen. Sie schleppten ein wunderliches großes Ding mit sich. Es war in der Mitte dick wie eine Tonne, hatte einen Kopf wie ein Mensch und einen Schwanz wie ein Fisch, es heulte und jammerte und zappelte und wollte durchaus nicht mit.

„O weh!" rief Ekke Nekkepenn, als sie näherkamen. „Es ist mein altes Meerweib Rom! Ich will sie nicht mehr haben, bringt sie wieder ins Wasser!"

Die Zwerge taten, als ob sie nichts hörten. „Ich bin jetzt euer König!" rief Ekke, „und sitze auf dem Sesselstein. Ihr müßt mir gehorchen!"

Aber die Zwerge rückten immer näher mit der zappelnden Rom. Da sprang Ekke auf, ließ den Sesselstein liegen, rannte nach der anderen Seite davon zum Strand und sprang ins Wasser. Die Zwerge sahen ihn niemals wieder. Aber seine Frau schickten sie ihm nach, und von diesem Tage an paßte sie haarscharf auf ihren Meermann auf und blieb ihm immer auf den Fersen. Der Sesselstein liegt heute noch beim Affental auf Sylt.

Wie die Sanddünen nach Amrum kamen

Früher war die Insel Amrum viel, viel größer als jetzt und das Wasser, das sie von den Nachbarinseln trennte, viel schmaler. Zwischen Am=rum und Sylt war die Wasserstraße so eng und seicht, daß man mit zwei Schritten von einer Insel zur anderen gehen konnte. In der Mitte lag ein Pferdekopf zum Auftreten.

Damals gab es auf Amrum noch keine Dünen, alles war Marsch= und Ackerland, Wald und Heide. Die Leute auf der Insel lebten ruhig und zufrieden, denn Sturmfluten und Unwetter kannten sie nicht. Aber eines Tages wurde ein seltsamer Toter an den Strand gespült. Haar und Bart waren von Algen durchzogen, zwischen seinen Fingern hatte er Schwimmhäute. Kopfschüttelnd standen die Leute von Amrum um den Leichnam. Schließlich holten sie ihn herauf, legten ihn in einen Sarg und begruben ihn bei ihren eigenen Toten.

An diesem Tag brach die erste Sturmflut über Amrum herein und viele folgten. Jedesmal wälzten die Wogen ungeheure Sandmassen vor sich her, einen losen, feinen Sand, der in der Sonne schnell trocknete und vom Wind über die ganze Insel getragen wurde. All=mählich bedeckte er Wiesen, Felder, Heide und Wald.

Die Inselbewohner waren ratlos und verzweifelt. „Wie haben wir das verschuldet?" fragten sie untereinander. „Was können wir gegen den Sandflug tun?"

Da stand ein kluger, alter Mann in ihrer Mitte auf und sagte: „Hört zu. Der Mann, den wir damals bei unseren Toten begraben haben, war sicherlich ein Wassermann. Da er nicht zurück ins Wasser kann, kommt das Wasser ihn holen. Weil wir ihn begraben haben, begräbt das Wasser unsere Insel unter seinem Sand. Öffnet das Grab und paßt genau auf, ob der Tote seine Daumen im Mund hat und daran saugt. Tut er das, so ist's ein Wassermann und ihr müßt euch beeilen, ihn wieder in sein Element zu bringen, wenn ihr nicht wollt, daß es ihn selbst holt."

Alle Leute gaben dem klugen Mann recht. Man öffnete Grab und Sarg und sah wirklich, daß der Tote an seinen Daumen saugte. Schnell lud man ihn auf einen Ochsenkarren und fuhr ihn zurück ins Meer. Von diesem Tag an war's auf Amrum vorbei mit Sturmflut und Sand=flug. Nur die Dünen, die das Meer einmal aufgetürmt hatte, blieben für alle Zeiten stehen.

Die Meerfrauen

Von Meerweibern, Seejungfern, Nixen und Meerminnen gibt es viele, viele Geschichten, die sich die Leute an der See untereinander erzählen, beim Netzeflicken, abends auf See in der Kajüte oder zu Hause in der Dämmerstunde am Kamin. Manche wollen sie gesehen haben: Frauen, halb Fisch, halb Mensch, mit langem, goldenem Haar, schneeweißem Leib und einem Fischschwanz. Wenn sie sich am Bug eines Schiffes oder auf einem Wellenkamm zeigen, so weiß jeder Seemann, daß Gefahr im Verzug ist: Ein Sturm kann kommen oder er selbst stürzt, angelockt vom betörenden Gesang der Nixe, in die Flut.
Auch Frauen begegneten hin und wieder einer Seejungfer. Eines abends gingen zwei Sylterinnen bei Wenningstede, am Fuße des roten Kliffs, spazieren. Da hörten sie ein leises Weinen, und als sie ihm nachgingen, fanden sie eine Meerfrau, die von den Wellen auf den Strand getrieben worden war und nicht mehr zurück ins Wasser fand. Aus Neugier ergriffen die beiden das fremdartige Wesen, trugen es nach Hause und setzten es in einen Wasserkübel.
Das Ereignis sprach sich schnell im Ort herum, und alle kamen ange=laufen, um die Meerfrau zu sehen. Die aber weinte und schrie ganz jämmerlich und wollte sich gar nicht beruhigen. Schließlich hatte der Bürgermeister Mitleid mit dem armen Geschöpf und befahl, es wieder ins Meer zu bringen. Mit einem glücklichen Lachen tauchte es in die Wellen.
Als die beiden Frauen am nächsten Abend wieder zum Strand gingen, fanden sie die Stelle, an der am Tag vorher die Nixe gelegen hatte, bedeckt mit lauter silbernen und goldenen Fischschuppen. Sie füllten ihre Schürzen damit, und weil sie, zu Hause angekommen, nicht

vergaßen, dem Bürgermeister einen Teil davon für die Armen des Ortes zu geben, blieb ihnen der Reichtum bis ans Ende ihres Lebens erhalten.

Auf Helgoland kam in früheren Zeiten zu manchen Frauen, die ein Kind erwarteten, eine Meerfrau. War sie ihnen nicht wohl gesonnen, so erschien sie als ein häßliches Fischweib mit struppigem grünem Haar, triefäugig und mit scheußlichen Schwimmflossen an den groben Händen. Die Kinder, die dann zur Welt kamen, waren häßlich, sie hatten nicht viel Glück im Leben, und vor allem vom Meer drohte ihnen Gefahr. Mochte aber die Meerfrau die junge Mutter gut leiden, so kam sie als bildschöne Seejungfer. Sie half ihr bei der Entbindung, die dann immer leicht und mühelos verlief und stand dem neuen Erdenbürger sein ganzes Leben lang bei, wenn er in Not geriet.

Ganz besonders nahm sie sich der Mädchen an, denen sie als Patengeschenk Schönheit, Glück und ein gutes Herz brachte. Wenn solch ein Mädchen herangewachsen war, erkannte man es unter tausenden an seinem goldblonden Haar und an seinen leuchtenden, meergrünen Augen. Diese „Töchter der Meerfrau", wie sie auf Helgoland genannt wurden, waren den Leuten wegen der geheimen Kräfte, die man ihnen nachsagte, zwar etwas unheimlich, aber sie genossen auf der Insel doch allgemeine Verehrung und jeder versuchte, sich ihr Wohlwollen und ihre Zuneigung zu erhalten.

Die sieben Meerminnen

Ein Kapitän aus Friesland hatte sein Schiff zu einer weiten Fahrt über die Meere der Erde gerüstet. Er stand an Bord, blickte über das grüne Wasser der Nordsee, die in der Sonne glänzte und leuchtete, und weil das ihm als das Schönste schien, was es auf der ganzen Welt gab, erhob er seine Hand zu einem Schwur: Er gelobte, dem Meer ein Leben lang treu zu bleiben und nie für längere Zeit an Land leben zu wollen, wenn es ihn, sein Schiff und seine Ladung immer beschirme und be=

schütze. Da hoben sieben Meerminnen ihre weißen Leiber halb aus der Flut, hörten seinen Schwur, nahmen ihn an und tauchten wieder in die Tiefe.

Lange Jahre fuhr der Seemann von Meer zu Meer nach allen Ländern und wurde ein reicher Mann, denn weder Sturm noch Wogen taten ihm etwas zuleide. Allmählich jedoch mußte er immer öfter daran denken, wie wenig er seinen Reichtum genießen könne und an wieviel guten Dingen er mit seinem Schiff Jahr für Jahr vorüberfahre. Die Sehnsucht nach dem Land ergriff ihn und wurde immer stärker, je mehr die Zeit verging.

Eines Tages kam sein Schiff an einen wunderbaren Strand voller Blumen und fruchtbarer Gärten. Dort begegnete er einem Mädchen, das alles an Schönheit und Liebreiz verkörperte, was er sich erträumt hatte. Beim ersten Blick verlor er sein Herz an sie, und es fiel ihm nicht schwer, auch das ihre zu gewinnen. Da bat er sie, seine Frau zu werden. Er verkaufte sein stolzes Schiff, erbaute am Strand ein prachtvolles Haus und schmückte es mit allen Schätzen, die er auf seinen weiten Fahrten angesammelt hatte, wie ein Königsschloß. Dorthin führte er am Hochzeitstag seine glückliche Braut.

Aber in der Nacht, als er in den Armen seiner Liebsten ruhte, ertönte vom Meer ein wilder Gesang. Sieben riesige Wellenberge, jeder von einer Meerminne gelenkt, wogten auf das Haus des Seemanns zu. Der erste ließ es in seinen Grundmauern erbeben, der zweite zerstörte den blühenden Garten, der dritte drückte Türen und Fenster ein, der vierte drang in die Vorhalle, der fünfte ins Schlafzimmer, der sechste tötete die Braut, und der siebente riß den Seemann mit sich zurück in die wilde, schaumsprühende See. Hier umringten die sieben Meerminnen ihn und führten ihn tief hinab zum Meeresgrund. Dort muß er für alle Zeiten bei ihnen leben. Nur einmal im Jahr, im Mai, darf er hinauf zu seinem zerstörten Haus. Dann suchte er verzweifelt nach seiner Geliebten, aber stets ziehen ihn die Meerminnen wieder zurück auf den Meeresgrund.

Roggenbük

In uralten Zeiten hauste in der sogenannten Siechenbucht vor Travemünde ein greulicher Wassermann. Er hieß Roggenbük. Seine Lieblingsbeschäftigung war es, auf einer großen Harfe von Totenknochen zu spielen. Wer ihre schauerliche Melodie hörte, konnte nicht widerstehen und sprang ins Meer, direkt in Roggenbüks Arme. Der gräßliche Wassermann aber nahm sich aus seinem Leib neue Gebeine für seine Todesharfe und warf die Reste den Fischen und Seeungeheuern zum Fraße vor.

Die Untaten Roggenbrüks wurden schnell bekannt. Kein Fischer warf in seiner Nähe mehr seine Netze zum Fang aus, kein fremdes Schiff landete mehr im Hafen, und das ganze Land begann zu verarmen.

Da machte sich eine weise alte Frau auf, um mit dem Ungeheuer zu verhandeln. Nach langem Hin und Her erklärte Roggenbük, daß er sich zufrieden geben wolle, wenn man ihm alljährlich in der Mittsommernacht eine reine Jungfrau opfern werde.

So wurde denn zur verabredeten Zeit das bedauernswerte Mädchen an den Ort gebracht, wo jetzt das Siechenhaus steht, mit Blumen und blühenden Weidenzweigen geschmückt und gebunden. Dann kam der böse Wassermann, betörte mit dem Spiel seiner Todesharfe ihre Sinne und zog sie in die Tiefe. Ein ganzes Jahr lang war sein Lied nicht mehr zu hören.

Lange Zeit blieb es so, und alle Mädchen der Stadt zitterten davor, daß beim nächsten Mal die Wahl auf sie fallen würde.

Wieder einmal wurde in einer Mittsommernacht ein schönes und braves Mädchen unter Wehklagen hinaus zum Meer geführt. Da sprengte plötzlich von der Höhe herab ein Ritter auf schneeweißem Roß und in glänzender Rüstung, das Banner des Kreuzes in seiner Rechten. Er versprach, das Land von dem Ungeheuer zu befreien, wenn man ihm ein Haus und Almosen für die Armen gebe. Dann gebot er allen, nach Hause zu gehen, damit Roggenbük sie nicht mit seinem Lied in Gefahr bringe. Er sprach mit dem vor Todesangst

zitternden Mädchen, erzählte ihr von der christlichen Lehre und taufte sie im Namen des Herrn.
Da begann das Meer zu wogen, der Wassermann tauchte in der Gestalt eines scheußlichen Lindwurms aus der Tiefe und versuchte, beide zu verschlingen. Der Ritter aber schwang sich auf sein weißes Roß, sprengte ihm entgegen mit erhobenem Banner und stieß ihm sein Schwert tief in den Rachen. Roggenbük starb unter entsetzlichem Stöhnen. Dann befreite der Ritter die Jungfrau, die ohnmächtig geworden war. Als sie wieder zu sich kam, befahl er ihr, ihren Landsleuten zu sagen, daß sie am gleichen Platz ein Haus errichten sollten für die Alten und Kranken, die sie bisher nach heidnischem Brauch totzuschlagen pflegten.
Als die Menge auf des Mädchens laute Rufe hin herbeieilte, war der Ritter verschwunden. Sofort begann man, ein stattliches Haus zu bauen, wie der Ritter es befohlen hatte, und bildete darauf die Befreiung des armen Opfers ab. Den getöteten Drachen aber fuhr man hinaus aufs Meer und versenkte ihn. Dort ist er zu einem Stein geworden, den die Fischer Roggenbük nennen.

Die Nixe von Nidden

Der Ort Nidden am Kurischen Haff könnte auch Midden heißen, denn er liegt mitten auf der Kurischen Nehrung, der längsten Landzunge an der Ostsee. Es ist gefährlich, abends dort allein zu gehen. Mancher Fischer oder Seemann, der zur Stunde der Dämmerung übers Meer blickte und vor sich hinträumte, hat es schon erlebt, daß nahe vom Ufer eine kleine grüne Insel aus dem Wasser tauchte. Blumenduft wehte zu ihm herüber und der betörende Gesang einer bildschönen Nixe, die ihm mit einem zartgrünen Schleier zuwinkte. Sie sang von Liebe und dem Glück, mit ihr allein auf der blühenden Insel zu leben, fern der Welt, ihren Sorgen und ihren Kämpfen. Immer näher klang die lockende Stimme, nur wenige Meter schienen den Mann von der Zauberinsel zu trennen. Doch wenn er, alles andere vergessend, hin=

überzuschwimmen versuchte, begann die Insel hinaus aufs Meer zu treiben. Immer sehnsüchtiger erklang das Nixenlied, immer weiter folgte der Schwimmer ihm durch die Wellen. Und im gleichen Augenblick, in dem er einen blühenden Zweig zu ergreifen glaubte, um den festen Boden der Insel zu betreten, versank sie mit ihm im Meer.

Nur einer von allen, die der lockenden Nixe folgten, ist wieder zurückgekehrt. Es war ein junger Fischer aus Nidden, der ganz allein in dem Haus lebte, das er von seinen Eltern geerbt hatte. Da er nicht nur fleißig, sondern auch sehr stattlich und immer fröhlich war, hätte manches junge Mädchen aus Nidden gern ja gesagt, wenn er es gebeten hätte, seine Frau zu werden. Aber Uwe, so hieß der junge Fischer, beachtete die offenen oder versteckten Andeutungen der Mädchen und ihrer Mütter nicht. Er saß am liebsten abends allein am Strand und dachte an die große, weite Welt, die er eines Tages, wenn er genug mit seinem Fischfang verdient hätte, kennenlernen wollte mit allen ihren Ländern und Meeren.

Als er wieder einmal so saß und den weißen Segeln eines stolzen Schiffes nachblickte, das gerade am Horizont verschwand, tauchte dicht vor ihm die Nixeninsel aus dem Meere auf und er hörte den betörenden Gesang. Uwe wußte natürlich von der verlockenden Gefahr, wie jeder in Nidden, und da er beschlossen hatte, die Nixe, wenn sie ihm eines Tages begegnete, zu überlisten, winkte er ihr, näherzukommen. Als sie so dicht am Ufer war, daß die Insel jeden Augenblick auf den Strand gespült zu werden schien, ergriff er sein großes Fischernetz, das neben ihm lag, warf es über die Sängerin und zog sie mit einem Ruck zu sich herüber.

Da lag sie nun vor ihm im Sand, im Netz zappelnd wie ein riesengroßer, schillernder Fisch; eine bildschöne Jungfrau mit grüngoldenem Haar, schneeweißem Leib und einem silbernen Schuppenschwanz. Vor Überraschung und Angst schrie sie wie eine Möwe.

Eigentlich tat sie Uwe ein bißchen leid, aber er zog trotzdem das Netz nur noch fester zusammen und fragte sie mit finsterer Miene: „Was hast du mit den Männern von Nidden gemacht, die du hinaus aufs Meer gelockt hast mit deinem Gesang und deinen schönen Worten?"

Die Nixe richtete sich auf, soweit ihr das im Fischnetz möglich war und sah ihn aus ihren goldenen Augen an. „Es geht ihnen gut", sagte sie mit sanfter Stimme. „Sie wohnen im Schloß meines Vaters, dem König aller Wassermänner, auf dem Meeresgrund, und meine Schwestern, die Nixen, lesen ihnen jeden Wunsch von den Augen ab."
„Und warum bleibst du nicht bei ihnen, statt immer neue Opfer unter den Seeleuten und Fischern zu suchen?"
„Weil ich auf dich gewartet habe seit vielen Jahren, und weil du mit mir in unserem Schloß leben sollst, das ganz aus weißem Marmor und roten Korallen erbaut ist. Aber ich kann dir von aller dieser Pracht nicht so einfach erzählen, ich singe dir ein Lied davon vor."
Und die Nixe begann mit ihrer süßen Stimme zu singen von den Wundern des Meeres und seinen Bewohnern, die alle ihrem Vater untertan seien, von ihrer Liebe zu Uwe, dem Fischer von Nidden und von dem Glück, das sie ihm schenken wolle, wenn er mit ihr käme. Immer stärker wehte der Blütenduft von der Insel herüber, und immer näher neigte Uwe sein Ohr dem singenden Mund, um nur ja keines der Zauberworte zu überhören.
„Aber ich will nicht!" sagte er schließlich mit einer letzten Kraftanstrengung und richtete sich auf, — „oder doch nur für ganz kurze Zeit, um zu erfahren, ob du nicht lügst."
„Wie du willst", sagte die Nixe und lächelte, „aber du mußt dich sofort entscheiden. Wenn du nicht für immer mit mir gehen willst, darfst du eine kleine Weile mein Gast sein — ein Menschenjahr, denn das ist ein einziger Tag in unserer Meereswelt."
„Gut!" antwortete Uwe und hielt weiter das Netz fest zusammen. „Nur wenn du mir versprichst, mich nach einem Jahr wieder freizugeben, lasse ich dich los. Sonst werde ich dich auf der Stelle töten!"
„Ich verspreche es dir", sagte die Nixe und lächelte immer noch, „hoffentlich wirst du es nicht bereuen."
„Nie!" lachte Uwe und löste das Netz. „In einem Jahr komme ich ja zurück."
Da schnellte die Nixe mit einer flinken Bewegung ihres Fischschwanzes zurück ins Wasser und riß Uwe mit sich auf ihre Zauberinsel, die

hinaustrieb aufs Meer. Sie legte ihre weißen Arme um seinen Hals, und während die Insel versank, begann sie wieder mit ihrer süßen Stimme zu singen. Sie sang von seinem bisherigen Leben als armer Fischer von Nidden, das er nun in ihren Armen vergessen werde, und endete erst, als sie den Meeresgrund erreichten.

Die Nixe hatte nicht gelogen. Uwe fand alles, wie sie es ihm geschildert hatte, nur daß es ihm noch tausendmal zauberhafter erschien, denn er liebte sie nun. Sie führte ihn durch das weite, grüne Reich ihres Vaters, des Wassermannkönigs, dem alle Lebewesen des Meeres gehorchten. Ihre flinken Diener, die Seepferdchen, reichten ihnen die köstlichsten Meeresfrüchte zur Speise, und nach dem festlichen Mahl im Kreise von Nixen und Wassermännern, zu denen nun auch die verschollenen Männer von Nidden gehörten, tanzten sie nach der ewigen Melodie der See. Sie entfernten sich immer weiter von der lustigen Festgesellschaft, tanzten durch weite Gärten mit schimmernden Korallenbäumen bis zu einer leuchtenden Grotte, in der sie auf einem weichen Polster aus Moos und Algen ausruhten. Ehe Uwe in den Armen der Nixe einschlief, sagte er ihr, daß er jetzt wüßte, was es heiße, glücklich zu sein.

Er erwachte davon, daß ihn entsetzlich fror. Als er sich aufrichtete und um sich sah, fand er sich am Strand dicht am Wasser liegend, naß bis auf die Haut. In seiner Hand fühlte er einen festen Gegenstand, und als er ihn betrachtete, war es ein Stück klarer, goldgelber Bernstein, der die Gestalt einer goldhaarigen, fischgeschwänzten Nixe hatte. Da erinnerte er sich, und ein leidenschaftlicher Schmerz packte ihn. „Du!" rief er in das Rauschen der Wellen hinein, „warum läßt du mich hier liegen? Ich will nicht wieder zurück nach Nidden! Komm und hole mich!" Aber vom Meer kam keine Antwort.

Uwe wartete noch eine Weile, dann stand er auf und ging nach seinem Heimatort. Unterwegs traf er zwei der Mädchen, mit denen er immer gescherzt und geplaudert hatte. Sie liefen ihm entgegen und begrüßten ihn wie einen Totgeglaubten. Die eine der beiden erzählte ihm, daß sie geheiratet habe. Da wußte er, daß inzwischen ein Jahr vergangen war, wie die Nixe ihm gesagt hatte. Er fand sein Haus so, wie

er es vor einem Jahr verlassen hatte, aber es schien ihm fremd, und er hatte keine Lust mehr, darin zu wohnen. Nach einiger Zeit, nach=dem die anderen Dorfbewohner sich an seine Rückkehr gewöhnt hatten, verkaufte er das Haus und baute sich eine Hütte dicht am Strand. Dort saß er Abend für Abend und oft auch tagsüber, die kleine Bernsteinnixe in der Hand, und blickte aufs Meer hinaus. Manchmal glaubte er, eine lockende Stimme seinen Namen rufen zu hören, aber es war nur der ferne Schrei einer Möwe. Dann wieder schien die blühende Insel dicht vor ihm aus der Flut zu tauchen, doch es war nur ein Bild aus seinen Träumen. Die Nixe, die er nicht ver=gessen konnte, kam niemals wieder.

Nach vielen Jahren fanden ihn die Leute eines Morgens tot vor seiner Hütte sitzen, das Gesicht zur Ostsee hin. In der Hand hielt er ein Stück Bernstein, das einer kleinen Nixe glich. Niemand wußte, was es zu bedeuten hatte

Der Klabautermann

Der Klabautermann ist ein kleines, graues Männchen mit roten Pausbacken, hellen, gutmütigen Augen und kaum zwei Fuß hoch. Er wohnt auf Schiffen, ist ganz wie die Matrosen mit Südwester und Ölzeug bekleidet und hat immer einen hölzernen Hammer in der Rechten. Er geht manchmal auch beim Bau eines Schiffes zu Hand, das er später bewohnen will und hilft beim Kalfatern. Deshalb nennt man ihn auch den Kalfatermann. Ist das Schiff auf See, so behütet er es vor Brand, Strandung und anderen Gefahren und achtet auf die Mann=schaft, daß sie ihre Pflicht nicht versäumt. Nachts verrichtet er allerlei nützliche Arbeit, die eilig ist und mit der die Matrosen nicht so recht fertig werden. Am liebsten hilft er dem Zimmermann. Dafür erwar=tet er aber auch ein sehr gutes Essen, denn er ist ein Feinschmecker und ißt am liebsten die Speisen vom Kapitänstisch. Bei stürmischem Wetter steht er oben am Mast und erteilt gute Ratschläge. Und er

verläßt ein Schiff nur dann, wenn die Mannschaft nichts taugt oder wenn auf dem Schiff ein Verbrechen begangen wird.
Einst war ein Steuermann aus Ostfriesland an Bord eines Schiffes, das im Hafen von Stockholm vor Anker lag. Abends ging er auf dem Deck spazieren, um noch ein bißchen frische Luft zu schöpfen. Da entdeckte er am Ende des Schiffes ein kleines rotes Männchen und ein ähnliches auf dem nächstliegenden Schiff. Er wußte gleich, daß es Klabautermännchen waren und hörte neugierig zu, als die beiden ein Gespräch begannen.
„Gehst du mit in die See?" fragte der auf dem anderen Schiff. „Nein", antwortete der auf des Steuermanns Schiff, „ich bleibe im Kanal. Dieses Schiff geht dort unter."
Dem Steuermann erschien das sehr beängstigend. Er konnte die ganze Nacht kein Auge zutun und erzählte am nächsten Morgen dem Kapitän von seinem Erlebnis. Der aber lachte ihn nur aus, und die ganze Mannschaft lachte mit. Der Steuermann ließ sich jedoch nicht beirren, nahm seinen Abschied von dem Schiff, das ihm unheimlich geworden war und ging auf ein anderes. Als er nach einigen Wochen von seiner Fahrt zurückkam, erfuhr er, daß sein früheres Schiff mit der ganzen Besatzung im Kanal untergegangen war.
Ein Seemann in Wolgast besaß ein Schiff, in welchem ebenfalls ein Klabautermann hauste. Zum Bau war Holz von einem Baum verwendet worden, der beim Niederstürzen den Holzfäller erschlagen hatte, und der Geist des Verunglückten fuhr nun als Klabautermann mit. Bei Tag und bei Nacht konnte man ihn oft rumoren und arbeiten hören. Besonders eifrig war er am Werk, wenn eine Gefahr für das Schiff bevorstand, der es aber entging. Zweimal in solchen Fällen verstummte er jedoch plötzlich: Beim ersten Mal verlor das Schiff dann seinen Anker, beim zweiten Mal erlitt es in einem Sturm schweren Schaden und wäre fast untergegangen. Aber da der Klabautermann an Bord geblieben war, kam es mit knapper Not davon.

Eine unheimliche Gegend

Dreieinhalb Meilen erstreckt sich von Sylt aus die schmale Halbinsel Hörnum ins offene Meer. Sie ist ganz von Sand und Dünen bedeckt, umspült von der Brandung, die hier besonders hoch geht. Wilde Seevögel und Hasen hausen dort, und nur an der Ostseite trifft man auf ein paar vereinzelte Fischerhütten. Früher waren hier Wiesen und Äcker, Dörfer und Kirchen, aber Wasser und Sand haben Hörnum im Laufe der Zeit in diese Einöde verwandelt, in der es um Mitternacht von allerlei Spuk nur so wimmelt.

Die Geister von Mördern und ihren Opfern gehen um und die von ertrunkenen Seeleuten, deren wildes Leben sie in ihrem nassen Grab keine Ruhe finden läßt. Auch spuken hier der Dikjendälmann, der Geist eines vor vielen Jahren lebenden bösen Strandvogts, und die kleine, weißliche Dunstgestalt des Dünenweibchens Stademwüfke, die auf dem Hafenplatz des alten untergegangenen Rantum umherstreift. Nirgends an der ganzen Nordsee gibt es so viele Mearwüffen (Meerweiber) wie hier, das Dälkekualf (Talkalb) begegnet dem Spaziergänger in der nächtlichen Einsamkeit der Dünen, große, schwarze Schattenvögel erschrecken ihn, zuckende Flammen und Klageschreie kündigen einen bevorstehenden Schiffsuntergang an, die Flödkualver (Flutkälber) eine kommende Sturmflut. Auch die Unterirdischen hausen hier, und Hexen und Tröler, die einen Schiffsuntergang herbeiwünschten, verrichteten in früheren Zeiten am äußersten Ende von Hörnum ihren bösen Zauber.

Buhmann

Auf Blangenmoor bei Eddelack in Süderdithmarschen wohnte vor mehr als hundert Jahren ein reicher Bauer und Landmesser namens Buhmann. Das war ein böser Mann: Er hatte einen Meineid geschworen, Land zu seinen Gunsten falsch vermessen, als Armenvorsteher und Kirchenbaumeister Geld unterschlagen, das er den Armen und Waisen entzog, und viele ähnliche schlimme Dinge getan.

Nach seinem Tod mußte er es büßen, denn er fand im Grab keine Ruhe. Allnächtlich tobte und lärmte er auf seinem Hof, rasselte mit Meßketten, grub im Keller nach seinen verborgenen Schätzen, rumorte in der einen Ecke des Stalles, wenn der Knecht am anderen Ende war. Niemand konnte es schließlich mehr in dem unheimlichen Haus aushalten, und auch die Nachbarn hatten keine Ruhe. Schließlich wußten sich die Leute keinen anderen Rat, als den Pastor Hellmann aus Marne zur Hilfe zu rufen. Er sollte Buhmanns Geist bannen.

Der Pastor war ein kluger, erfahrener Mann und hatte schon oft das Feuer besprochen. Er beschwor also den Geist, und der war auch bereit, zu weichen, nur bat er, ihn doch aufs trockene Land zu bannen und nicht auf die Watten ins Haff. Denn wer dorthin verwiesen wird, kann niemals wieder zurückkommen.

Der Prediger gewährte Buhmanns Bitte und verwies ihn auf den gemeinen Viert, die große Heide auf der Geest, wo Buhmanns Geist eine zahlreiche Gesellschaft anderer Spukgestalten antraf. Diesen Viert sollte er nun ohne Rast und Ruhe ausmessen, jedoch wurde ihm gestattet, seinem Hause dabei alle sieben Jahre einen Hahnentritt näherkommen zu dürfen.

Doch Buhmann konnte seine bösen Streiche nicht lassen. Kaum war er am Ort seiner Verbannung angelangt, als er schon wieder fortzukommen versuchte. Gerade kam ein Bauer vom Helferdeich bei Marne mit einem Fuder Torf von der Geest herunter. Buhmann hockte sich hinten auf, der Wagen wurde schwer wie ein Fels, und nur mit letzter Anstrengung erreichte der Bauer den Helferdeich. Nun begann dort auf dem Hofe des Bauern das Poltern und Rumoren, viel stärker als vorher im Hause Buhmanns.

Wieder wurde der Pastor Hellmann gerufen. Aber da er den Geist auf freiem Felde zur Rede stellte, wo er weniger Macht über ihn hatte, entfloh der auf einer Henne nach dem Fahrstedter Deich. Dort gelang es dem Pastor endlich, ihn in einem Fischerhaus zu stellen, und es entspann sich ein großes Streitgespräch zwischen ihnen:

„Wie kannst du es wagen, aus deiner Verbannung zurückzukommen und deinen Spektakel von neuem zu beginnen?" fragte der Pfarrer zornig.

„Ich bin zu Wagen heruntergekommen," antwortete Buhmann. „Das Fahren hattest du mir nicht verboten!"

„Jetzt werde ich dich zur Strafe ins Haff bannen, wo dich niemand mehr erlösen kann!"

Buhmann versuchte, sich zu verteidigen, indem er den Pfarrer angriff: „Aber du bist ja selbst ein Sünder," sagte er höhnisch. „Ich habe mit eigenen Augen gesehen, wie du einmal drei Roggenähren abgerissen hast!"

„Das habe ich aus Versehen mit den Schuhschnallen getan, als ich einmal durchs Feld gegangen bin. Ich habe die Körner auch gleich wieder ausgesät."

„Dem Bäcker von Eddelack hast du einmal einen Stuten genommen, ohne ihn zu bezahlen!"

„Ich habe ihm den Schilling gleich danach hingebracht."

„Eines Abends am Strand hast du einmal ein Mädchen geküßt!"

Der Pastor wurde ein bißchen verlegen. Dann aber sagte er mit fester Stimme: „Das ist schon lange her, und ich habe es aus wirklicher Liebe getan."

Da wußte Buhmann keine andere Ausrede mehr, und Pastor Hellmann verbannte ihn nun wirklich und endgültig ins Haff. Dort muß er die Sandkörner auf den Watten zählen. Nur wenn es ihm gelingt, einmal allen Sand bis Mitternacht zu zählen und dann die Südertür der Marner Kirche noch vor dem letzten Glockenschlag zu erreichen, wird er erlöst sein. Mehrmals soll Buhmann wirklich bis auf wenige Schritte vor sein Ziel gekommen sein. Aber gerade dann ertönte der letzte Glockenschlag, und er mußte wieder zurück und von vorn mit seiner Arbeit anfangen.

Juchen Knoop

Unter den vielen anderen Geistern, die draußen am Haff umgehen, kopflos und mit Ketten rasselnd, ist Juchen Knoop der bekannteste. Die Fischer, die auf den Butt= und Krabbenfang ausgehen, sehen ihn meist an lebensgefährlichen Tiefen stehen. Ununterbrochen zieht er sein Netz und füllt Fische in seine Kiepe, die er auf dem Rücken trägt. Nähert man sich ihm, so weicht er weiter, immer weiter hinaus, an immer gefährlichere Stellen. Wer so unvorsichtig ist, ihm zu folgen, verliert den Weg und verläuft sich in Schlick und Sand. Dann kommt die Flut, und der Unglückliche ertrinkt. Erfahrene alte Fischer kümmern sich nicht darum, wenn sie den Juchen Knoop fischen sehen, wenn er ihnen winkt und gute Fangstellen zu zeigen scheint. Aber für die jungen, unvorsichtigen Männer ist er immer wieder eine große Gefahr.

Manchmal allerdings hat Juchen Knoop einen guten Tag und hilft den Menschen. So nahm er einmal einen Fischer, der sich den Fuß an einer scharfen Muschel geschnitten hatte und nicht mehr schnell genug vor der Flut flüchten konnte, auf seinen Rücken und trug ihn aufs trockene Land. Ein andermal konnte ein Hirte auf dem Außendeich sein Vieh nicht schnell genug vor einer Sturmflut auf dem Koegsdeich zusammentreiben. Da rief er in seiner Not nach Juchen Knoop um Hilfe. Der erschien im Augenblick, und alles Vieh, das zu Tausenden auf dem Außendeich graste, konnte geborgen werden. Seitdem haben die Hirten Vertrauen zu ihm, und er hat sie nie enttäuscht, so sehr er auch den Fischern zu schaden versucht.

Die Dränger

Zu den gespenstischen Wesen, die in dunkler Nacht auf den Außendeichen Nordfrieslands ihren Spuk treiben, gehören auch die Dränger. Unsichtbar versuchen sie den nächtlichen Wanderer bald nach rechts, bald nach links von der Krone des Deiches herunterzudrängen in die

Gräben. Vor allem in stürmischen Nächten treiben sie es ganz toll. Dann schieben und drücken sie so heftig, daß er froh sein muß, wenn er einen festen Stock bei sich hat, um ihn fest in den Boden stemmen zu können. Aber es ist gefährlich, um sich zu schlagen und dabei gar zu sprechen.

Das mußte ein Fischer erfahren, der eines Nachts von Horsbüll nach Marienkoog wanderte. Er hatte den Abend zusammen mit anderen Männern aus Horsbüll im Dorfkrug verbracht und machte sich nun zu ziemlich vorgerückter Stunde auf den Heimweg. Nichts Böses ahnend, wanderte er auf der Krone des Deiches dahin, als plötzlich die Dränger von allen Seiten über ihn herfielen. So sehr er sich auch anstrengte, kam er doch nur Schritt für Schritt voran und wurde ständig von einer Seite nach der anderen gedrückt und geschoben. Zudem schlug die Uhr zwei Uhr, und er hatte immer noch mehr als eine Stunde Weg vor sich. Der Gedanke an seine Frau, die bestimmt schon lange auf ihn wartete, versetzte ihn in solchen Zorn auf die lästigen Dränger, daß er unter wilden Flüchen mit seinem Stock um sich zu schlagen begann. Das aber hätte er besser bleiben lassen sollen, denn ehe er sich's versah, hoben ihn tausend unsichtbare Hände vom Boden und schleuderten ihn hinunter in den feuchten Graben. Da lag er nun, und vor lauter Schreck beschloß er, sich lieber nicht ein zweites Mal mit den unheimlichen Geistern einzulassen, sondern den Rest der Nacht dort zu verbringen, wohin sie ihn gestürzt hatten.

Als er am nächsten Morgen bei Sonnenaufgang endlich nach Hause kam, dauerte es lange, ehe er seine Frau von dem bösen Streich überzeugt hatte, den ihm die Dränger spielten.

Der ewige Blüser von Wustrow

Wenn die Zeit des Aalfanges gekommen ist, entzünden die Fischer an ruhigen, windstillen Sommerabenden „Blüsenfeuer" in ihren Booten, um die Aale durch den Lichtschein anzulocken. Dabei kann es aber vorkommen, daß man oft stundenlang auf dem Wasser ein Blüsenfeuer sieht, obwohl in dieser Nacht kein einziger Fischer unterwegs ist. Die Wustrower sagen dann: „Dat is de ewige Blüser!" und erzählen dazu folgende Geschichte:

Vor vielen Jahren lebte auf der Halbinsel Wustrow ein Schneider. Er war ein roher, wüster Geselle, der eines Tages seinen Beruf an den Nagel hängte und sich seinen Lebensunterhalt durch Fischen verdiente. An einem Gründonnerstag fuhr er abends zum Fang aus, und da die Beute gut war, dehnte er seinen Fischzug bis über die Mitternachtsstunde aus, ohne sich darum zu kümmern, daß es Karfreitag war. Aber auf einmal wurde das Salzhaff unruhig und stürmisch. Die Leute, die sich am Ufer versammelt hatten, sahen statt des einen Bootes auf einmal zwei, und im zweiten beim Schein des Blüsenfeuers einen Mann, der sich mit drohender Gebärde dem Kahn des Schneiders näherte. Plötzlich versank alles in Dunkelheit, und am nächsten Morgen fand man das Boot zerschellt am Strand, von dem unseligen Schneider jedoch keine Spur.

Seitdem sieht man in manchen Nächten den ewigen Blüser fahren, einen Mann, der mit gefalteten Händen beim Schein des Blüsenfeuers in einem kleinen Boot steht. Er entfernt sich, sobald man versucht, ihm näherzukommen. Einmal nur gelang das einem Fischer, da aber kehrte sich das Boot plötzlich gegen ihn, und der ewige Blüser begann mit drohenden Gebärden, ihn zu verfolgen. Im letzten Augenblick konnte er den Strand erreichen und entkommen, denn dorthin kann der ewige Blüser nicht folgen. Niemand hat es mehr gewagt, sich ihm zu nähern.

Die Lickschnücken

In dunklen Nächten sieht man auf dem Meer manchmal kleine Flammen auftauchen, die auf Sylt Lickschnücken oder auch Lochtermaner heißen. Sie haben nichts Gutes zu bedeuten, denn sie sind immer ein Zeichen dafür, daß ein Mensch umkommen wird. So sah ein Mann aus Tinnum eines Abends eine kleine Flamme aus dem südlichen Haff heraufftauchen, bei Wadens, dem südlichen Ufer, an Land steigen und sich längs dem Tinnumer Damm und dem Tinnumer Kirchweg nach dem Keitumer Kirchhof bewegen. Am nächsten Tag kam ein Sylter Fischer bei Hörnum ums Leben, und seine Leiche wurde auf dem gleichen Weg heraufgebracht.

VON SEEFAHRERN UND SCHIFFEN

Jacob Leiert und die Hexen von Sylt

Jacob Leiert war ein stattlicher junger Mann von der Insel Sylt. Er war gutmütig und fleißig, aber wegen seiner großen Langsamkeit wurde er von den Freunden und Nachbarn oft gehänselt. Nie sah man ihn ohne eine zierliche, schwarz=weiß gefleckte Katze, mit der er spielte und die er überall mit hinnahm.

Mit dieser Katze aber hatte es eine ganz besondere Bewandtnis: Es gab damals viele Hexen und Tröler auf Sylt, und Kressen, ein schönes Mädchen aus Rantum, war eine dieser Hexen. Schon früh hatte sie die Kunst erlernt, sich in eine Katze oder in ein anderes Tier zu verwandeln, und da sie Jacob schon immer ganz besonders gut leiden mochte, nahm sie tagsüber Katzengestalt an. In der Nacht aber wurde sie wieder die hübsche Kressen, die Jacob als seine heimliche Braut auf seinen Wanderungen am Strand und in den Dünen begleitete, wenn er Vögel fing oder Strandgut sammelte und die ihn vor Gefahren warnte und ihn beschützte.

Aber die nächtlichen Zusammenkünfte und Wanderungen der beiden Verliebten wurden von den anderen Hexen bald bemerkt. Es gab allerhand neidisches Geschwätz darüber, und bald konnte sich Kressen vor lauter Gespött und Gekicher der anderen kaum noch in Rantum sehen lassen.

Sie wurde von Tag zu Tag scheuer und schüchtener, und um sie nicht mehr den Verleumdungen der anderen auszusetzen, ging Jacob immer öfter allein auf seinen nächtlichen Wanderungen. Aber ihm fehlte Kressen, die für ihn immer eine liebende und warnende Fee

gewesen war, sehr. Denn er mußte jetzt viele Neckereien und Streiche der neidischen, verliebten oder boshaften Hexen über sich ergehen lassen, denen er in seiner Langsamkeit und Schwerfälligkeit nicht immer gewachsen war.
Einmal, gegen Morgen, war er am Fuße einer Düne von Hörnum eingeschlafen, als eine der jungen Hexen zu ihm trat und ihn lachend weckte: „Jacob, Jacob, lauf nicht so schnell!"
„Ich laufe ja gar nicht", antwortete Jacob schlaftrunken und setzte sich verwundert auf.
„Natürlich nicht, weil du nicht laufen kannst!" kicherte die listige Nachtschwärmerin, ergriff seinen Stock und seinen Hut und rannte damit leichtfüßig die Düne hinauf.
Jacob, der sich in seiner Ehre gekränkt fühlte, rannte, ohne sich zu besinnen, dem lachenden Mädchen nach, bergauf, bergab, denn die Hexe flog immer weiter, und er stürzte und stolperte blindlings hinter ihr her.
„Wie du auf einmal laufen kannst!" rief das Mädchen. „Willst du mich etwa küssen?"
„Verprügeln werde ich dich, du Hexe!" schrie Jacob zornig zurück. „Aber das kannst du ja gar nicht, ich habe ja deinen Stock! Da, hole ihn dir!" Und damit warf sie Jacobs Hut und Stock weit hinaus in die Bucht am Buder, wo sie schnell, von der Strömung erfaßt, davontrieben.
Jacob stampfte mit dem Fuß auf und war außer sich vor Zorn, aber wagte es doch nicht, in der Dunkelheit seinen Sachen nachzuschwimmen.
„Ha! Jacob hat Angst vor dem Wasser!" spottete die Hexe weiter. „Deine Mutter und deine Katze erlauben dir wohl nicht, zur See zu fahren? Binde dir doch eine Weiberschürze um!" Mit lautem Gelächter lief sie davon und verschwand in den Dünen.
Wütend, verzweifelt und beschämt setzte sich Jacob an den Strand und sah hinaus aufs Meer. Nie mehr würde er nach dieser Niederlage vor seine Mutter und seine Braut treten können, und die Hexe würde ihn zum Gespött für ganz Sylt machen. Aber was sollte er tun?

Während er so saß und grübelte, wurde es heller Morgen, und mit der Flut kam ein Helgoländer Fischerboot durch das Hörnumgatt in die Bucht herein, in der er saß. Das Schiff warf Anker, und der Schiffer rief Jacob Leiert zu: „Weißt du nicht einen tüchtigen Gehilfen für mich, der sein gutes Geld bei mir verdienen will?"

Da wußte Jacob auf einmal, was zu tun war. „Holt mich nur ab!" rief er dem Helgoländer zu. „Ich komme mit Euch, wohin und wie lange Ihr wollt!"

Fünf Minuten später war er an Bord. Als die Ebbe eintrat, lichtete der Schiffer die Anker und segelte davon. Er war ein Heringsfischer, und Jacob lernte bei ihm gründlich das Handwerk und wurde ein tüchtiger Matrose und Gehilfe. Nach Sylt kam er niemals wieder.

Jahre später sprach es sich auf Sylt herum, daß bei Helgoland ungeheure Mengen von Heringen gefangen würden und was für ein einträgliches Geschäft das sei. Man bekam Lust, es auch zu versuchen, und so machten sich einige Fischer mit ihren Booten auf nach Helgoland, um dort zu erfahren, wie die Heringsfischerei betrieben wird. Wie aber staunten sie, als sie dort Jacob Leiert antrafen, der inzwischen Kressen geheiratet hatte und ein wohlhabender Mann geworden war. Er gilt seitdem als der erste Sylter Heringsfischer.

Einmal in seinem Leben war also der langsame Jacob schneller gewesen als alle anderen.

Die treulosen Heringsfischer

Durch ihre Erfolge beim Heringsfang wurden die Sylter Fischer und ganz besonders die von Hörnum, wo es schon immer recht lustig zugegangen war, schnell übermütig. Allen zuvor taten es Kressen und Jacobs Söhne, die inzwischen herangewachsen waren und von ihrem Vater das stattliche Aussehen, von ihrer Mutter aber den Leichtsinn und die Ausgelassenheit geerbt hatten. Sie verübten tausend Streiche auf der ganzen Insel, und wenn ihnen auch die jungen Mädchen und Frauen recht zugetan waren, so hatten sie sich doch bei den anderen

Inselbewohnern bald von Herzen unbeliebt gemacht. Schließlich wurde die allgemeine Verärgerung über die leichtfertigen Hörnumer Gesellen so groß, daß man sie von Sylt vertrieb.

Eine Zeitlang sah und hörte man nichts von ihnen. Sie hatten sich mit einem Haufen von Gleichgesinnten zusammengetan und trieben sich irgendwo auf der Nordsee und an fernen Küsten herum. Einige von ihnen kamen um, aber die anderen kehrten, nachdem eine Zeit vergangen war, eines Tages wieder heim nach Hörnum. Sie brachten viele fremde Fischer und Seeräuber mit, die sie auf ihren Fahrten kennengelernt hatten, und da sie in der Überzahl waren, spielten sie sich wie einst als die Herren auf. Sie richteten sich wieder häuslich ein in ihren alten Erdhütten, die sie als Winterquartier benützten und begannen ihre ehemaligen Streifzüge über die ganze Insel von neuem. Vor allem fehlten sie bei keinem Tanzvergnügen. Sonntags tanzten sie in den Norddörfern bis zum Morgengrauen, mittwochs in Keitum, schliefen dann ihren Rausch aus und fingen am nächsten Abend in einem der anderen Dörfer von vorn an — in Westerland oder Morsum, soweit sie sich nicht gerade mit den Leuten dort gestritten hatten. Das geschah nämlich sehr oft, meistens am Ende des Vergnügens, wenn es ans Bezahlen ging, denn dabei drückten sich die wilden Gesellen von Hörnum gern.

Schon lange störte es sie, daß am Sonnabend wegen des sonntäglichen Morgengottesdienstes auf der ganzen Insel nicht getanzt wurde, während es an den übrigen Abenden immer in irgendeinem Dorf hoch herging. Deshalb luden sie eines Sonnabends selbst zum Tanz nach Hörnum ein. Da sie nie genug Mädchen um sich versammeln konnten, luden sie nicht nur sämtliche jungen Mädchen von Sylt ein, sondern auch die von Amrum und Föhr. Die Mädchen kamen in hellen Scharen, und alle vergnügten sich so prächtig, daß die Hörnumer seitdem jeden Sonnabend zum Tanz baten. Bei schönem Wetter und Mondschein tanzten sie im Freien im Kressen Jacobstal, bei Regen und Kälte in irgendeiner Scheune von Rantum.

Eines Sonnabends erwarteten die Wilden von Hörnum wieder mal große Gesellschaft. Der Vollmond stand silbern am Himmel, und kein

Lüftchen regte sich. Aus Rantum, Westerland und Tinnum strömten die Mädchen in Scharen herbei, und alles versammelte sich zum Tanz um einen kleinen, klaren Teich im Kressen Jacobstal, aus dem die Hörnumer ihren Durst löschten oder in den sie auch in vorgerückter Stunde zur Abkühlung sprangen, wenn ihnen von ihren wilden Tänzen zu heiß geworden war. Musik gab es damals keine auf Sylt, deshalb sangen die Sylter Mädchen ihre schönsten Lieder und hopsten und sprangen dabei mit den Fischern lustig im Kreis.
Da verdunkelte sich auf einmal der Himmel. Auf Besen kam ein dichter Schwarm von Föhringer und Amrumer Hexen herangeflogen und ließ sich auf dem alten Hexenberg Buder nieder. Dort begannen sie rings um den Gipfel einen lustigen Reigentanz und sangen dazu tausendmal schöner und verlockender als die Sylter Mädchen drunten im Tal.
Die lockeren Hörnumer spitzten die Ohren, als der Spuk auf dem Buder losging. Einer nach dem anderen verließ heimlich den Tanzplatz drunten am Teich und stieg, angelockt vom Hexenlied, neugierig und lüstern hinauf. Oben wurden sie von den verführerischen Hexen lachend empfangen.
Das war ein anderer Tanz als mit den schwerfälligen Sylter Mädchen! Die leichtfüßigen Hexen schienen zu schweben und rissen ihre derben Tänzer mit zu einem immer wilderen Reigen. Für ihre durstigen Kehlen hielten die listigen Dirnen einen köstlich schmeckenden Hexentrank bereit, der die Hörnumer Fischer mehr und mehr berauschte. Laut sangen und jubelten sie in die Nacht hinaus, daß sie noch nie so wunderbar und mit so schönen Mädchen getanzt hätten.
Man hörte es bis nach Amrum und Föhr, und natürlich auch im Kressen Jacobstal. Dort wurden die alleingelassenen Mädchen immer zorniger. Nach außen hin spöttisch und hohnlachend, im Inneren aber voller Neid und Gift und Galle machten sie sich schließlich auf den Heimweg. Unterwegs schworen sie, nie wieder nach Hörnum zum Tanz zu gehen, nie wieder mit den treulosen Burschen ein Wort zu sprechen und ihnen Böses anzutun, wo es irgend ginge. Unter ihnen aber waren elf Mädchen, die sich ebenfalls auf Zauberei verstanden.

Sie waren natürlich die Anführerinnen der Verschwörung und machten sich sehr wichtig mit ihren Vorschlägen.
„Ihr habt überhaupt keine Erfahrung!" sagte die erste. „Überlaßt das nur uns. Wenn die Hörnumer im Frühjahr wieder ausfahren zur See, soll keiner von ihnen lebendig heimkehren, das versprechen wir!"
„Ich klage sie wegen Seeraub beim Hamburger Rat an!" überlegte die zweite.
„Das ist gar nicht nötig," sagte eine andere. „Wir elf Hexen werden ihnen bei ihrer Abreise Knoten in den Weg legen, jede von uns sieben Stück, das macht siebenundsiebzig Knoten. Darüber werden sie im Morgengrauen stolpern, stürzen, und dann fallen wir über sie her!"
„Nein, ich weiß einen besseren Rat", sagte die vierte. „Wir schleichen heimlich in der Nacht zu ihren Netzen, die sie draußen zum Trocknen lassen und schlagen unsere Hexenknoten hinein. Wenn sie dann die Netze mit aufs Meer nehmen, können sie unserem Zauber nicht entgehen: Sie werden alle umkommen!"
„So viel Mühe ist gar nicht nötig!" widersprach die fünfte. „Habt ihr schon mal was von Hamburger Nägeln gehört?"
„Nägel?" fragten die Mädchen verwundert.
„Ja. Neulich fand ich ein kleines Faß mit echten, achtzölligen Hamburger Nägeln, auf deren Kopf das Wappen der Stadt zu sehen ist, drunten am Strand. Siebenundsiebzig Nägel waren drin. Drei davon habe ich gleich besprochen und dann verwendet. Die Wirkung entsprach völlig meinen Erwartungen: Den ersten legte ich meinem Nachbarn vors Haus. Er trat darauf und liegt heute noch lahm. Den zweiten schlug ich meinem früheren Bräutigam, der mir untreu geworden ist, verkehrt in sein Boot zwischen Staven und Kiel. Er ging beim Fischfang damit unter. Darüber wurde die Närrin, die ihn mir weggenommen hatte, schwermütig, und ich schlug ihr den dritten heimlich in die Wand an ihrem Bett. Schon in der nächsten Nacht erhängte sie sich daran. Ihr seht also, daß man diese Hamburger Nägel mit dem richtigen Zauber zu wahren Unglücksnägeln machen kann. Darum will ich einem der Tänzer, die sich dort oben mit den Hexen von Föhr und Amrum vergnügen, das Faß mit den Nägeln in sein Fahrzeug

legen. Ihr werdet sehen: Soviele Nagelköpfe in dem Faß sind, soviele Hörnumer Fischerköpfe werden die Hamburger dafür fordern!"
Diesen Rat fanden alle Hexen und auch die übrigen Mädchen sehr gut. Nur einige meinten, daß es nichts schaden könne, wenn sie außerdem noch die siebenundsiebzig Hexenknoten den Hörnumern auf den Weg streuten.
„Ihr legt so großen Wert auf die Zahl sieben", sagte nun die älteste der Hexen. „Ich persönlich achte mehr auf die Jahreszahl achtundzwanzig, die wir im nächsten Jahr haben werden. Wartet so lange, und ihr sollt sehen, daß eure Wünsche sich erfüllen!"
Alle wunderten sich sehr über diese klugen Worte und versprachen, sie zu befolgen.
Als die Hörnumer im kommenden Frühjahr wieder auf Fischfang und Seeraub ausfuhren, kamen sie nicht weit: Bei der Elbmündung wurden sie von Hamburger Kriegsschiffen eingeholt. Ihre Schiffe wurden durchsucht, und in dem des Anführers stand tatsächlich das Faß mit den Hamburger Nägeln versteckt. Da sie keine Auskunft geben konnten, wie sie dazu gekommen seien, wurden sie des Diebstahls verdächtigt, gefangengenommen und nach Hamburg geführt. In der Gerichtsverhandlung kamen alle ihre Untaten ans Licht, die jedoch nicht für ein Todesurteil ausreichten. Da aber meldete sich ein Hamburger Schiffer zur Aussage. Er erklärte, daß die Nägel ihm gehörten und daß sie ihm, als er eines Tages in Hörnum vor Anker ging, dort gestohlen worden seien. Nun schien dem weisen Rat das Sündenmaß der Hörnumer Fischer voll, und er ließ alle vierundsiebzig Gefangenen auf dem Grasbrook bei Hamburg köpfen.
Der Schiffer soll übrigens die verkleidete Hexe von Rantum gewesen sein, welche die böseste Zauberin war, die je auf ganz Sylt gelebt hat. Am traurigen Ende der lustigen Hörnumer Heringsfischer aber sieht man, wozu verschmähte Mädchen in ihrem Rachedurst fähig sind.

Die schöne Malene

Der Malenen=Tüll, das heißt die Magdalenen=Spitze, ist eine hohe Düne weit draußen bei St. Peter auf der Halbinsel Eiderstedt. Seinen Namen hat ihm die schöne Malene gegeben, ein Mädchen aus St. Peter, das einen Seemann liebte. Die beiden waren die lustigsten jungen Leute im ganzen Ort, und jedermann fand, daß sie gut zusammenpaßten.

Der Seemann hatte Malene gefragt, ob sie seine Frau werden wolle, und sie hatte glücklich ja gesagt. Nur eine Bedingung hatte sie ihm gestellt: Er sollte ein Fischer werden und die Seefahrt in ferne Länder aufgeben, die ihn oft Wochen und Monate von der Heimat und von ihr entfernte.

Das war eine schwere Aufgabe für den jungen Mann, denn er kannte nichts Schöneres als die Fahrt auf fremden Meeren. Aber da Malene auf ihrem Wunsch bestand, stimmte er zu, wenn er nur noch eine einzige große Fahrt unternehmen könne.

Unter Tränen und Treueschwüren nahmen die Verlobten voneinander Abschied. Sie standen am Strand, und Malene hatte ihre zahme weiße Möwe mitgebracht, die ihr überallhin folgte. Nun gab sie das Tierchen ihrem Verlobten und sagte dabei: „Nimm es mit auf deine weite Reise. Es soll dich immer an mich erinnern, und wenn euer Schiff wieder zurück zur Nordsee kommt, so lasse es fliegen. Es wird den Weg zu mir finden und mir deine Heimkehr ankündigen."

Noch lange stand sie hoch oben auf dem Malenen=Tüll und winkte dem weißen Segelschiff nach, das ihren Liebsten entführte.

Von nun an saß sie Tag für Tag mit ihrem Spinnrad auf der Düne, spann Flachs für das Leinen ihrer Aussteuer und sang dazu. Zu Anfang hob sie kaum den Blick von ihrer Arbeit, doch je mehr die Zeit verging, desto öfter blickte sie hinaus übers Meer und hielt Ausschau nach ihrer kleinen Möwe, die ihr die Rückkehr ihres Liebsten anzeigen sollte. Und immer seltener hörte man sie singen.

Der Sommer ging schon zur Neige, als sie eines Tages am Horizont einen Punkt erblickte, der schnell größer wurde. Ein dunkler Schatten

fiel über die Sonne, und mit weitem Flügelschlag schoß ein riesiger Seeadler auf sie zu. Er stieß einen gellenden Schrei aus, als er sich dicht neben ihr niederließ. Entsetzt starrte Malene auf das Tier, das sie aus seinen gelben Augen unverwandt anblickte. Von dieser Stunde an saß es täglich neben ihr auf der hohen Düne und verließ seinen Platz nur für kurze Zeit, um sich seine Nahrung drunten aus dem Meer zu holen. Da wußte Malene, daß ihr Liebster nie zurückkehren würde. Nicht lange danach traf das Schiff ein. Malene erfuhr nur, daß ihr Verlobter irgendwo in einem fernen Land im Süden geblieben sei.

Sie war längst nicht mehr das schöne, fröhliche Mädchen von einst. Aber immer noch saß sie Tag für Tag oben auf der Düne und spann. Kein Lied kam mehr über ihre Lippen, sondern dunkle Worte und Verwünschungen, die der Seeadler an ihrer Seite zu verstehen schien. Eines Tages schwang er sich hoch in die Lüfte und stieß dabei einen seiner grellen Schreie aus. Kurz darauf verbreitete sich im Ort die Nachricht, daß vor der Küste ein Schiff untergegangen sei. Damals tauchte zum ersten Mal das Gerücht auf, daß Malene irgendwie damit in Zusammenhang stünde. „Es war einer unter den Matrosen, der sein Mädchen verlassen hatte", flüsterten die Leute.

Seitdem wußte man, was es zu bedeuten hatte, wenn man den Adlerschrei hörte. Noch heute sieht man zuweilen in hellen Sommernächten Malene auf ihrer Düne sitzen, den Adler an ihrer Seite. Jeder fürchtete sie, denn ihre Erscheinung bringt jedem Unglück, der sie sieht, und die Schiffe meiden die Nähe des Malenen-Tüll.

Die alte Liebe

In Cuxhaven, nahe der Elbmündung, lebten vor vielen Jahren zwei befreundete Fischerfamilien. Oft saßen die beiden Männer an langen Winterabenden, wenn die Schiffahrt ruhte, beim Grog zusammen und erzählten von ihren weiten Reisen zur See. Ihre einzigen Kinder, Else und Lorenz, hatten sich sehr lieb und galten als verlobt.

Da geschah es an einem stürmischen Herbstabend, daß ein Schiff draußen vor der Küste in Seenot geriet. Es gab ein verzweifeltes Signal nach dem anderen, aber niemand schien helfen zu können. Die beiden Nachbarn besprachen sich kurz, dann nahmen sie ein Boot und ruderten hinaus auf das wilde Meer, um die Schiffsbesatzung zu retten. Schon waren sie ihrem Ziel sehr nahe, als eine riesige Woge ihr Boot zum Kentern brachte.

Die beiden tapferen Männer ertranken.

Nach dem Tod der Väter aber verfeindeten sich die Mütter der beiden Liebenden und wollten von einer Verbindung ihrer Kinder nichts mehr wissen. Nachdem alle ihre Vorstellungen und Bitten vergeblich gewesen waren, gelobten sich Else und Lorenz Treue bis in den Tod, und Lorenz fuhr hinaus in die weite Welt, um das Geld zu verdienen, das sie zur Gründung ihres Hausstands brauchten. Aber er hatte kein Glück: so sehr er sich auch bemühte, es reichte gerade aus, seiner alten Mutter das Notwendigste zu schicken.

Ein Jahr nach dem anderen verging für die beiden Liebenden. Die treulich wartende Else war längst nicht mehr so hübsch wie früher, und noch immer jagte Lorenz auf fernen Meeren vergeblich nach Glück und Gewinn. Aber beide liebten sich wie am ersten Tag und gaben die Hoffnung nicht auf, endlich doch noch Mann und Frau zu werden. Da starb nach fünfzehn langen Jahren Elses harte, unerbittliche Mutter. Auf ihrem Sterbebett jedoch änderte sie ihre Gesinnung und erteilte den beiden Verlobten ihren Segen. Auch Lorenz' Mutter hatte nun nichts mehr gegen ihre Verbindung einzuwenden, und so konnten die beiden treuen Nachbarskinder endlich ihre Vermählung feiern. Lorenz aber fuhr im nächsten Frühjahr wieder wie sonst aufs Meer hinaus. —

Ein Jahr nach ihrer Hochzeit, im Spätherbst, erwartete Else ihren Mann von seiner Fahrt zurück. Es war ein stürmischer, regnerischer Tag, aber Else ging trotzdem zum Vorwerk hinaus, das, eine halbe Stunde hinter Cuxhaven, wie eine Landzunge sich tief in die Elbemündung hinausstreckt. Von hier aus konnte sie weit über die wildbewegte Nordsee blicken, über die das Schiff ihres Mannes, an Helgoland vorbei, kommen mußte. Immer furchtbarer tobte der Sturm, immer höher gingen die Wellen.

Unverwandt schaute Else aufs Meer hinaus. Plötzlich stieß sie einen Freudenruf aus: Sie hatte das Schiff erkannt. Pfeilschnell schoß es näher, und hoch oben am Bug sah sie Lorenz stehen, der ein weißes Tuch schwenkte. Doch zu ihrem Entsetzen fuhr im gleichen Augenblick ein gewaltiger Brecher über das Schiff und knickte den starken Mast wie ein Streichholz. Vor ihren Augen ging das Schiff mit ihrem Mann unter.

Außer sich vor Schmerz schrie Else in das Brüllen des Sturmes hinein: „Lorenz! Ich will nicht leben ohne dich!" Damit stürzte sie sich in die schäumenden Wogen, die ihren Leichnam erst am nächsten Morgen an den Strand spülten.

Am Tage ihrer Beerdigung kam von Helgoland die Nachricht, daß Lorenz' Schiff mit allen Leuten vor der Insel zur gleichen Stunde untergegangen sei, in der Else es vom Vorwerk aus zu sehen geglaubt hatte. Da die Entfernung nach Helgoland zu groß ist, um so weit sehen zu können, hatte ihr eine Erscheinung den Tod des Geliebten angezeigt.

Bis zum heutigen Tag ist die Geschichte von den beiden treuen Verlobten unvergessen. Das Vorwerk, von dem sich Else ins Meer stürzte, heißt noch immer zu ihrem Andenken „Die alte Liebe".

Der untreue Seemann

In Tinnum auf Sylt lebte einst ein junger Seefahrer. Er war am 30. Juni 1716 geboren, und als er herangewachsen war, gab es auf der ganzen Insel keinen stattlicheren und lebenslustigeren jungen Mann, keinen flinkeren Seefahrer als Jens von Tinnum.

Er hatte die Navigation mühelos und gut erlernt, war schnell in seinem Beruf vorangekommen und, noch nicht zwanzig Jahre alt, bereits Steuermann auf einem großen Handelsschiff. Alle heiratslustigen Mädchen von Sylt warfen ihre Netze nach ihm aus, um ihn zu

fangen, alle anderen Burschen beneideten ihn und lauerten ihm abends auf, wenn er ausging. Die Hexen und leichtsinnigen Frauen aber, die er verschmähte, folgten ihm überall und spielten ihm tau=send Streiche. Um das alles kümmerte sich Jens kaum, denn er hatte, noch sehr jung, bereits seiner hübschen Nachbarin Marie Mannis die Ehe versprochen.

Lange Zeit waren sie glücklich miteinander und bereiteten ihre Hochzeit vor. Da begegnete Jens eines Tages einem bildschönen Mädchen aus Keitum und verliebte sich in sie.

Gleich am Abend des folgenden Tages ging er heimlich von Tinnum nach Keitum, um sie zu treffen. Er hatte den Kopf voller leichtfertiger Gedanken und summte vergnügt vor sich hin, als auf halbem Wege plötzlich zwei große, in weiße Gewänder gehüllte Gestalten aus einem Dornbusch vor ihn traten. Sie faßten ihn wortlos unter die Arme und zogen ihn seitwärts vom Wege ab nach Norden zu.

Anfangs sträubte sich Jens gegen diese Entführung, aber da es ihm vorkam, als ob unter der weißen Verschleierung hübsche junge Mädchen verborgen seien, gab er schließlich seinen Plan auf und ging willig mit, wohin die weißen Damen wollten. Nach einer mehrstündigen, schweigenden Wanderung über Äcker und Heiden näherten sie sich endlich dem Kirchturm von Keitum, den er im Halbdunkel deutlich erkennen konnte. Dann öffneten die Gespenster die Kirchhofspforte und zerrten ihn, der sich jetzt wieder mit Händen und Füßen sträubte, zu einem frischgeöffneten Grab. Plötzlich verschwanden sie hinter Grabsteinen und ließen den unternehmungslustigen Freier allein in der unheimlichen Umgebung.

Nachdem Jens sich von seinem Schreck erholt hatte, trat er schleunigst den Heimweg nach Tinnum an. Aber dort, wo der Tinnumer Kirchweg bei den Bramhügeln eine Biegung macht, erwartete ihn ein zweites greuliches Abenteuer. Plötzlich sah er sich von einer Schar kreischender Hexen in Katzengestalt umringt. Sie hüpften und sprangen um ihn her und auf seinen Nacken, bissen, liebkosten und kratzten ihn abwechselnd. Erst als er sich gar nicht anders zu helfen wußte und sein Messer unter die Quälgeister schleuderte, ließen sie unter lautem Geschrei von ihm ab.

Sein Messer fand er niemals wieder. Und die Lust auf Abenteuer mit anderen Mädchen war ihm ein für allemal vergangen. Von nun an blieb Jens seiner Braut treu und heiratete sie bald darauf.

Der unheimliche Schiffsjunge

Ein Schiffer war unterwegs auf See. Seine Laune war nicht gerade die beste, denn zu Hause sollte am nächsten Tag sein kleiner Sohn getauft werden, und es bestand keinerlei Aussicht, daß er in so kurzer Zeit den heimatlichen Hafen erreichen würde.
Während er so stand und verdrießlich aufs weite Wasser starrte, trat ein Schiffsjunge an ihn heran, den er unterwegs in einem fremden Hafen angeheuert hatte. „Was fehlt dir, Schiffer?" fragte er.
Der erwiderte mürrisch: „Was geht's dich an, Junge. Du kannst mir ja doch nicht helfen!"
„Das kommt wohl noch darauf an!" sagte der Junge. „Erzähl' mir doch, was los ist!"
Da berichtete der Schiffer von der Kindstaufe zu Hause und daß er nicht mit dem Schiff vorankomme, weil er seit acht Tagen immer Gegenwind habe.
„Na, wenn's weiter nichts ist," versetzte der Junge, „das wollen wir schon kriegen!" Damit zog er seine Jacke aus und warf sie über Bord. Im gleichen Augenblick schlug der Wind so plötzlich um, daß das Schiff auf einmal übers Meer jagte wie mit dem Flitzbogen abgeschossen. Das Unheimliche dabei war, daß alle anderen Schiffe, die sie auf ihrer rasenden Fahrt überholten, ganz langsam dahinschlichen, weil sie mit Gegenwind zu kämpfen hatten.
Gerade noch rechtzeitig zur Kindstaufe kamen sie in der Heimat an. Der Schiffer belohnte den Jungen reich, entließ ihn aber doch lieber aus seinem Dienst, denn er fürchtete, daß der Teufel bei dieser Fahrt seine Hand im Spiele gehabt haben könnte. Den merkwürdigen Schiffsjungen hat er nie wieder gesehen.

Die Windverkäufer

Klaus Jansen von Wangeroog erlebte auf seinen Fahrten oft seltsame Abenteuer, von denen er nach seiner Heimkehr zu Hause erzählte. Eines der merkwürdigsten aber war ihm in Schweden widerfahren:

„Als wir von Drontheim bei gutem Wind abgefahren und bereits drei Tage weitergesegelt waren“, berichtete er, „überfiel uns plötzlich eine völlige Meeresstille, so daß unser Schiff nicht mehr von der Stelle kam. Der Kapitän, dem an einer schnellen Reise viel gelegen war, wurde schließlich ungeduldig und beschloß, mit einem Boot ans Land zu fahren und dort einen Zauberer zu suchen, der ihm Wind verkaufen könnte. Solche Männer sollte es dort nämlich geben.

Der Steuermann Adolf Friedrich aus Hamburg und ich versuchten vergeblich, ihn davon abzubringen. Wir stellten ihm vor, daß kein Mensch auf der Welt so viel Macht habe, und selbst wenn er einen fände, es doch nur ein Diener des Teufels sein könne. Aber alle unsere Einwände nützten nichts, zumal auch das übrige Schiffsvolk, eine rohe und ungeduldige Schar, ganz auf der Seite des Kapitäns stand. So schwiegen wir zwei schließlich, und der Kapitän nahm uns mit im Boot, um, wie er sagte, uns von unserem Unglauben zu heilen. An Land fragte er gleich nach dem erfahrensten Windverkäufer, und es trat auch ein Mann vor, der dafür zwanzig Reichstaler verlangte. Schließlich einigten sie sich auf fünfzehn. Der Zauberer nahm nun ein Stück Leinwand, ungefähr zwei Spannen lang und eine Hand breit, schlug drei Knoten hinein, gab es dem Kapitän und riet ihm, es am vordersten Mast des Schiffes festzubinden. Löse er dann den ersten Knoten, so käme die gewünschte frische Brise, beim zweiten käme ein starker Wind auf, und wenn dieser nachlasse, so solle er den dritten Knoten lösen. Das alles sahen und hörten wir mit eigenen Augen und Ohren.

Wieder auf dem Schiff angekommen, tat der Kapitän sofort, was ihm der Windverkäufer geraten hatte. Sobald der erste Knoten gelöst war, erhob sich ein frischer Wind, der anderthalb Tage lang anhielt und das Schiff ein gutes Stück voranbrachte. Dann mußte der zweite Knoten gelöst werden, und ein sehr heftiger Wind trieb das Schiff in rasender Eile dahin, ließ aber nach vier oder fünf Meilen wieder nach. Immerhin erreichten wir unser Ziel, ohne daß der dritte Knoten gelöst werden mußte. Adolf Friedrich und ich waren nun tatsächlich überzeugt, daß das Windverkaufen keine Fabel war.

Auf der Heimfahrt hatten wir Glück: Es hatte sich ein lebhafter Nordwind erhoben, sodaß wir der Zauberkunst des Windverkäufers nicht mehr bedurften. Doch unseren Kapitän, der ein Geizkragen war, reute das Geld, das er ja für den dritten Knoten mit bezahlt hatte, und so beschloß er, ihn bei der Landung in Drontheim an einen anderen Seemann zu verkaufen. Er fand auch bald einen, der schnell in entgegengesetzter Richtung fahren wollte und wegen des Nordwindes nicht vorankam. Der aber sollte den Kauf bitter bereuen, denn kaum hatte er den Knoten gelöst, als ein heftiger Orkan das Meer aufwühlte. Zwar konnte sich die Mannschaft im letzten Augenblick retten, das Schiff jedoch ging unter."

Der Mannagfual

In der Nordsee, so erzählen die nordfriesischen Seefahrer, steuert ein Riesenschiff. Es ist so groß wie ein Eisberg, seine Masten sind höher als alle Kirchtürme, die Taue dick wie Tonnen. In der Takelage sind Unterkünfte für die Matrosen eingebaut, denn wer als junger Maat beginnt, hinaufzuklettern, braucht dazu so lange, daß er erst als alter Seemann mit grauem Haar und Bart wieder herunterkommt. Der Kapitän reitet zu Pferd über das Deck, um seine Befehle zu erteilen, und er ist froh, wenn er an einem Tag herumkommt. Natürlich kann dieses Schiff nur in tiefsten Gewässern fahren. Sein Name ist Mannagfual.

Der Kapitän erfährt alles, was auf seinem Riesenschiff vorgeht. Denn selbst wenn er mal etwas nicht entdeckt, so sehen es die beiden Raben, die immer auf seinen Schultern sitzen, und sagen es ihm.

Einst steuerte der Mannagfual, von Spanien kommend, zum englischen Kanal, konnte aber nicht durch die schmale Fahrrinne zwischen den Hövden hindurchkommen. Nachdem der Alte sich mit seinen Raben beraten hatte, befahl er, die ganze Backbordseite mit weißer Seife einzureiben, damit das Schiff vorbeigleiten könne. Alles ging gut, der Mannagfual kam glücklich in die Nordsee hinein. Die weiße

Seife und der Schaum aber blieben an den Felsen von Dover haften. Sie fraßen sich ins Gestein und gaben ihnen bis zum heutigen Tag ihre weiße Farbe.

Das Geisterschiff von Emden

Als die Stadt Emden noch eine große Handelsstadt war, die Ems unter den Stadtmauern dahinfloß und Schiffe aller Erdteile im Hafen vor Anker gingen, brach eines Nachts ein gewaltiger Sturm aus Nordost los, der die Fluten der Nordsee in ungeheuren Wogen auf die Stadt zuwälzte.

In dieser schrecklichen Nacht lief ein großes städtisches Kauffahrteischiff mit vollen Segeln ein, das seit langem erwartet wurde. Schon war es nahe der Hafenmündung bei der langen Brücke, schon sah man im Scheine der Laternen die dunklen Gestalten der Seeleute auf Deck, hörte den Kommandoruf des Kapitäns und das Rasseln der Ankerketten, da fuhr mit einem Mal unter gellendem Pfeifen ein höllischer Windstoß auf. Wasserberge faßten das Schiff, hoben es empor, tauchten es nieder, trieben es wieder in die Höhe und rissen es vor den Augen der entsetzten Menschen am Kai hinunter in die Tiefe. Die vierzig Seeleute an Bord, fast alle Emdener, schienen verloren zu sein. Man schrie nach der Rettungsbarke, aber der Hafenwärter wies auf das Wachtboot und sagte kalt und gefühllos: „Diese kleine Barke? Es wäre sinnlos, sie bei diesem Sturm hinauszuschicken. Außerdem hat Elfert Giesbert diesen Tod verdient!"

Der Kapitän war nämlich der Feind des Hafenwärters, für den nicht das Bibelwort 'Liebet eure Feinde' galt, sondern 'Auge um Auge, Zahn um Zahn!' Obgleich er wußte, daß sein eigener Sohn mit an Bord des Schiffes war und in diesem Augenblick starb, war sein Herz so voller Haß gegen den Kapitän, daß er keinen Rettungsversuch unternehmen ließ. Als man ihm endlich den Schlüssel entwand, kam jede Hilfe zu spät.

Am nächsten Morgen war der Hafenmeister spurlos verschwunden.

Doch immer, wenn ein Sturm aus Nordost heranzieht, die Wogen brüllend gegen den Deich rasen, die Winde gellen und heulen, stürmt um Mitternacht ein Geisterschiff heran, in bläuliches Licht getaucht. Man hört das Rasseln der Ankerketten, die Befehle des Kapitäns, die markerschütternden Schreie der Sterbenden. Wer es vernimmt, zuckt noch in seinem sicheren Haus entsetzt zusammen.

Die nächtliche Trauung

In der Gegend von Apenrade wohnte der Pfarrer eines kleinen Ost=seedorfes allein in seinem Haus, das etwas außerhalb des Ortes dicht neben der Kirche stand. In einer stürmischen Novembernacht wurde er durch ein wildes Pochen an seiner Tür aus dem Schlaf geschreckt. Draußen standen ein paar wild aussehende Matrosen. Sie hielten ihm einen Beutel vor, der schwer von Goldstücken war und erklärten ihm, daß dieser Schatz ihm und der Kirche gehöre, wenn er seinen Ornat anlege und ihnen zur Verrichtung einer heiligen Handlung folge. Weigere er sich, so müsse er auf der Stelle sterben.

So blieb dem Prediger nichts übrig, als seinen rauhen Führern in die Kirche zu folgen, die hell erleuchtet war. Drinnen fand er eine Schar bewaffneter Seeleute in fremder Tracht und vor dem Altar ein reich=gekleidetes Brautpaar, hinter dem jedoch die Gruft geöffnet war. Zitternd folgte der Priester dem Befehl, das Paar zu trauen. Völlig unheimlich aber wurde ihm zumute, als er gleich nach der Trauung eine Grabrede halten mußte. Dann mußte er auf die Bibel schwören, niemand etwas von diesen nächtlichen Vorgängen zu erzählen und wurde aus dem Kirchenportal hinausgestoßen in die Nacht. Von Grauen geschüttelt eilte er nach Hause.

Kaum hatte er sich in seinem Zimmer auf die Knie geworfen, um zu beten, als er in der Kirche einen Schuß und den lauten Schrei einer Frau hörte. Wachend und betend verbrachte er den Rest der Nacht, um in der Morgendämmerung gleich wieder zur Kirche zu eilen. Draußen auf hoher See sah er einen stattlichen Dreimaster mit frem=

der Flagge davonsegeln. Die Kirche war leer, aber als er vor den Altar trat, fand er zu seinem Entsetzen in der offenen Gruft, an der er in der Nacht die Totenrede halten mußte, die Leiche der Braut, mitten ins Herz geschossen.

Niemals hat er erfahren, woher das fremde Schiff und die unheimliche Hochzeitsgesellschaft kamen.

VON SEERÄUBERN UND PIRATEN

Die Jungfrau vom Waschstein

Am Ende der Kreidewand von Stubbenkammer auf Rügen erhebt sich der sogenannte Waschstein, ein großer Granitblock, etwa hundert Schritt vom Ufer aus der See hervorragend. Die Fischer erzählen, daß hier alle sieben Jahre ein Meerweibchen heraufsteigen und sich auf ihm waschen soll. Unter dem Waschstein aber soll eine tiefe Höhle sein, in der einst der berüchtigte Seeräuber Klaus Störtebeker seine überall zusammengestohlenen Schätze verbarg.

Die Leute erzählen, es sei in dieser Höhle bis auf den heutigen Tag nicht recht geheuer. Um Mitternacht entsteige ihr eine weinende Jungfrau. Sie halte ein weißes, blutbefleckte Tuch in der Hand, das sie im Meer auszuwaschen versuche. Da ihr das nie gelinge, verschwinde sie stets mit trauriger Miene, um in der nächsten Nacht wiederzukommen. Man sagt, sie sei die Tochter eines vornehmen und reichen Bürgers aus Riga gewesen. Störtebeker habe sie am Tage ihrer Hochzeit vom Traualtar weg entführt und sie, nachdem er ihren Bräutigam und ihre ganze Familie getötet hatte, in die Höhle am Waschstein geschleppt. Dort habe er sie bei seinen Schätzen gefangen gehalten. Da er aber im Jahre 1402 mit allen seinen Spießgesellen von den Hamburgern gefangen und hingerichtet wurde, sei die Jungfrau, von der niemand wußte, elend in der Höhle umgekommen. Als unerlöster Geist sitze sie noch immer bei den Schätzen und bewache sie. Und jede Nacht versuche sie, das Leinentuch auszuwaschen, das getränkt sei mit dem Blut ihres Verlobten.

Eines Nachts begegnete ihr dabei ein Fischer. Da er hingerissen war

von der Schönheit der Erscheinung, faßte er sich ein Herz und sprach sie an: „Gott helfe dir, schöne Jungfrau. Was tust du hier?"
Da trat sie zu ihm und bat ihn, ihr zu folgen. Weil er 'Gott helfe dir' zu ihr gesagt habe, wolle sie ihn reich belohnen.
Sie führte ihn in die große Höhle, die er nie zuvor betreten hatte und in der große Haufen von Silber, Gold und Juwelen aufgetürmt lagen. Als sie ihn gerade aufgefordert hatte, sich zu nehmen, was er tragen könne, hörte er vom Meer her Ruderschlag und das Rauschen von Segeln. Ein riesiges schwarzes Schiff legte an, dem viele hundert Männer in alter Tracht entstiegen. Jeder trug seinen Kopf unter dem Arm. Einer nach dem anderen trat in die Höhle, begann in den Schätzen zu wühlen und die Goldstücke zu zählen. Nach einiger Zeit verschwanden sie, wie sie gekommen waren. Es waren die in alle Ewigkeit verdammten Seelen Störtebekers und seiner Genossen.
Sobald sie sich entfernt hatten, füllte die Jungfrau dem Fischer einen großen Krug mit Gold und Edelsteinen. Sie ergriff das blutbefleckte Tuch und führte ihn zu seinem Boot am Meer. Während er davonruderte, sah er, wie die Jungfrau das Tuch ins Wasser und dann in die Höhe hielt, wo es rein und fleckenlos im Mondlicht leuchtete. Sie winkte ihm zu mit ihrer weißen Hand und verschwand dann in der Höhle. Seitdem hat niemand sie wiedergesehen.

Heriward

Wer hat nicht schon von den Normannen oder Wikingern gehört? Das waren wilde Seefahrer, die aus den Nordländern kamen. Man nannte sie auch die Askomannen, weil ihre Schiffe aus Eschenholz gezimmert waren.
Wollte man Kindern Angst machen, so rief man: „Die Wikinger kommen!" Denn wie der Wind brausten sie auf ihren schnellen Schiffen heran. Wie der Blitz fuhren sie in die Dörfer und Städte an den Küsten Norddeutschlands, mordeten, plünderten und schleppten Männer, Frauen und Kinder als Sklaven mit sich, soweit sie sie nicht

erschlagen hatten. Ehe ein Heer sich zur Verteidigung gesammelt hatte, waren sie längst auf und davon. Es war eine schreckliche Zeit, diese Zeit der Wikingerfahrten!

Einmal aber ist ihnen ihr wildes Treiben übel bekommen. Es war im Jahre 994. Da drangen die Normannen unter ihren Heerführern Sven Gabelhart und Olaf Trygwaso in zwei großen, verwegenen Haufen ins Innere Niedersachsens vor. Das eine Heer zog die Elbe hinauf, das andere die Weser.

Am Vorabend des Johannistages flammten überall die Strohdächer in den Elbdörfern auf. Vergeblich riefen die drei Grafen von der Stade die sächsische Landwehr zusammen und warfen sich den Seeräubern entgegen: Der Sturm der Wikinger fegte sie hinweg. Graf Udo von Stade sank mit durchbohrter Brust zu Boden, seine Brüder Siegfried und Heinrich wurden gefangen genommen. Im ganzen Land wurden Beiträge für das ungeheure Lösegeld gefordert, das die Normannen für die Freilassung der beiden Grafen forderten. Schließlich gelang es, Graf Heinrich durch Geiseln frei zu bekommen, während sein Bruder fliehen konnte. In wilder Wut darüber schlugen die Normannen den Gefangenen, darunter vielen Rittern, Ohren, Hände und Nase ab und schickten die Verstümmelten zurück. Endlich gelang es, sie zu schlagen. Herzog Bernhard von Sachsen und Markgraf Siegfried von Stade holten sie mit einem Heer an der Elbmündung ein. Die Elbe rötete sich vom Blut der Normannen.

Inzwischen zog das andere Wikingerheer die Weser aufwärts bis Lesum. Ihr Ziel war die Plünderung Bremens. Da sie sich aber allein zu schwach fühlten, die Stadt zu nehmen, wollten sie sich vorher mit dem Elbheer vereinigen, das nach ihrer Verabredung von Stade her quer durch den Wigmodigau ziehen und bei Bremen zu ihnen stoßen sollte. Jedoch in den Sümpfen um Lesum fanden sich die Piraten nicht zurecht. Deshalb hatten sie einen sächsischen Ritter namens Heriward gefangen und zwangen ihn, ihnen den Weg zu zeigen. Heriward wußte, daß mit den Normannen nicht zu spaßen war. Ein furchtbarer Tod stand ihm bevor, wenn er ihnen nicht gehorchte. Aber er wußte auch, daß der Graf von Lesmona von seiner Burg am Lesumufer aus den Zug der Wikinger gesehen haben mußte, daß er in aller Eile seine Krieger zusammenrufen und den Normannen nachschleichen würde. Heriward dachte an die vielen vernichteten Dörfer, die ausgeraubten, gemordeten, verschleppten Bewohner. Sein Plan stand fest.

Harmlos plaudernd ging er in der ersten Reihe der Normannen. Er erzählte, so gut er sich verständlich machen konnte, von seinen Jagdabenteuern, fragte nach den Kriegsfahrten der Normannen und fand viele schöne Worte der Bewunderung. So ließen sich die Räuber von ihm führen, immer nach dem Elbheer ausspähend und ahnungslos, daß es längst vernichtet war.

Zwischen Bremen und Stade, am Weg, der von dem alten Kloster Jeven nach Bremerlehe führt, liegt noch heute der Ort Glinstedt und unweit davon das große Glinster Moor. Es sollte nach Heriwards Plan das Grab der Normannen werden. So führte er ihr Heer auf dem einzigen Weg, den nur die Einheimischen kannten, in die unwegsamen Gründe und Sümpfe des totenstillen Moores. Dumpf klang der Schritt der Krieger auf dem weichen, federnden Boden. Im Westen rötete sich der Abendhimmel. Hier und da flog ein Käuzchen auf und ließ sein schauriges 'Komm mit! Komm mit!' erklingen. Aus der Ferne tönte das dumpfe 'Iprump! Iprump!' der Rohrdommel wie ein Schlachtruf. Da verstummten die Gespräche in den Reihen der Normannen. Die Dämmerung senkte ihre feuchten, schweren Schwingen auf das Moor. Geheimes Grauen packte die Fremden.

Nur einer hatte keine Angst. Heriwards Augen glühten, sein Körper straffte sich wie eine gespannte Sehne. Plötzlich gellte ein Kriegsruf durch die Nacht. Fackeln leuchteten auf, in ihrem Schein funkelten Speere und Schwerter. Weit hinten, in der Ferne, antwortete der gleiche Ruf, erklang Schwerterschlag und Kampfgetümmel. Da erkannten die Normannen, daß sie in die Irre geführt waren, eingeschlossen im Moor.

Heriward riß dem nächsten Wikinger das Schwert aus der Hand. Er wußte, daß er sterben mußte, doch wollte er kämpfend untergehen. Sein Blut rötete den Boden des Glinster Moores, und über seine Leiche hinweg stürmte das Heer der Sachsen auf die Normannen. Was ihren

Schwertern entkam, ging im Moor unter. Rund zwanzigtausend Normannen ließen damals ihr Leben.

Heriward ist in seiner Heimat unvergessen, denn er befreite sie von der Plage der Wikinger, die sich nie mehr so weit ins Landesinnere hineinwagten.

Klaus Störtebeker und Gödeke Michels

Im Jahre 1389 nahm Königin Margarete von Dänemark den Schwedenkönig Albrecht im Krieg gefangen. Sieben Jahre lang blieb er in ihrer Gewalt. Um ihrem Herrn zu Hilfe zu kommen, erließen seine getreuen Untertanen einen Aufruf: Alle Seefahrer, die dänische Schiffe und Ortschaften überfielen und plünderten, sollten bei ihnen Schutz und freien Hafen finden.

In kurzer Zeit tat sich ein wildes Volk zusammen: Schiffer, Edelleute, Bürger, Fischer, die alle der eine Wunsch verband, soviel zusammenzustehlen wie sie finden konnten. Unter dem Vorwand, daß sie Schweden mit Vitalien (Lebensmitteln) stärken wollten, nannten sie sich Vitalienbrüder. Ihr Hauptmann war Gödeke Michels, ein unerschrokkener Mann von vornehmer Abstammung, von dem man nicht genau weiß, ob Holstein, Pommern, Mecklenburg oder Rügen seine Heimat war. Zu ihm kam eines Tages Klaus Störtebeker.

Störtebeker war ein Edelmann, dessen Schloß bei Verden in der Nähe der Halsmühle stand. Allerdings behaupten viele andere Städte an der Ostsee, daß er dort geboren sei. In seiner Jugend lebte er lustig und leichtsinnig drauflos. Bei jeder Fehde, jedem Turnier, jeder Rauferei war er die Hauptperson. Er schmauste, zechte und würfelte so bedenkenlos, daß er schließlich all sein Hab und Gut vertan hatte. Als ihm endlich die Hamburger wegen seiner Schulden Rittergewand und Rüstung abnahmen und ihn aus der Stadt wiesen, ging er zu den Vitalienbrüdern und wurde ein Seeräuber, wie es vor ihm noch keinen gegeben hat.

Die neuen Genossen nahmen ihn mit Freudengebrüll auf, und Gödeke

Michels teilte sich mit ihm in den Oberbefehl über die ganze Brüderschaft. Weil er, der seinen Adelsnamen abgelegt hatte, so unmenschlich trinken konnte, daß er grundsätzlich jeden vollen Becher mit einem Zug leerte, und das unzählige Male am Tag, nannten sie ihn „Becherstürzer" — auf Platt Störtebeker.
Klaus Störtebeker und Gödeke Michels wurden weder durch Schwert noch Dolch, durch Armbrust, Büchse noch Kartaune je verwundet. Es ging die Sage, daß sie hieb- und schußfest seien, denn eines Tages hatten sie auf einem ihrer Raubzüge in Spanien, als Ost- und Nordsee von ihnen leergeplündert waren, in einer Kirche die Reliquien des heiligen Cincentius erbeutet und trugen sie seitdem unter ihrem Wams auf der bloßen Brust. Von dieser Zeit an galten sie als unverwundbar.
Es gibt unzählige Geschichten über die beiden. Wenn Störtebeker Gefangene machte, die ein hohes Lösegeld versprachen, so ließ er sie am Leben. Arme Teufel, Alte und Kranke ließ er ohne weiteres über Bord werfen. Kräftige Männer jedoch mußten bei ihm eine Probe bestehen: Wenn sie ein Litermaß voll Wein in einem Zug leeren konnten, so nahm er sie als Gesellen an, und sie hatten es gut bei ihm. Ein Junker Sissinga aus Gröningen, der die Probe bestand, ließ auf dem Riesenbecher die plattdeutschen Worte eingravieren: „Ick Jonker Sissinga van Groninga dronk dees Hensa in een Flensa door meen Kraga in meen Maga".
Auch als der Krieg zwischen Schweden und Dänemark längst beendet war, setzten die Vitalienbrüder ihre Kaperfahrten fort und wurden zum Schrecken an allen Küsten und Inseln von Nord- und Ostsee. Die Beute wurde redlich untereinander aufgeteilt. Endlich gelang es, sie aus der Ostsee zu vertreiben, aber sie fanden in Ostfriesland gute Freunde, um dort ihr Raubgut bergen und verkaufen zu können. Vor allem in Marienhaven tauchten sie oft auf und begannen den alten Turm an der Kirche zu bauen.
Dort gibt es noch viele Erinnerungen an Störtebeker: einen Kanal mit dem Namen Störtebekertief und Ringe an der Kirchhofsmauer, an denen er seine Schiffe befestigte. Das Oberhaupt der Stadt, Keno then Broke, wurde sogar sein Schwiegervater. Denn die schöne Toch-

ter then Brokes verliebte sich rettungslos in den tollkühnen Abenteurer und folgte ihm, wohin seine Raubzüge ihn auch führten.
Jahrelang versuchte die Flotte der Hanse, die Seeräuber entscheidend zu schlagen, konnte ihnen jedoch keine endgültige Niederlage beibringen. So lange Klaus Störtebeker und Gödeke Michels am Leben waren, gab es keine Hoffnung, die Seeräuberplage loszuwerden. Darum wurde im Jahre 1402 eine neue hamburgische Flotte ausgerüstet. Das Hauptschiff hieß die „Bunte Kuh", und ihr Oberbefehlsherr war der Besitzer selbst, der junge, tapfere Simon von Utrecht.
Störtebeker kam gerade von Spanien, wo seine Beute nicht besonders groß gewesen war. Deshalb ging er nachts bei der Insel Neuwerk vor Anker, um Schiffen aufzulauern, die von England nach Hamburg fuhren. Da kam ein Blankeneser Fischer, ein ehemaliger Kumpan der Seeräuber, mit seinem Boot zu ihnen und fragte, ob er neben ihrem Schiff anlegen dürfe. Das Wasser sei unruhig, und er wolle sein Essen kochen. Die Vitalienbrüder begrüßten ihn mit großem Hallo und luden ihn auf ihr Schiff ein. Aber mitten in der Nacht, als sie glaubten, er sei mit seinem Essen beschäftigt, schmolz er Blei und lötete ihnen das Steuerruder damit fest. Dann verständigte er die Hamburger durch Signale, und die Hamburgische Flotte, allen voran die „Bunte Kuh", segelte heran.
Störtebeker sah sie kommen, aber als er sein Schiff flott machen wollte, konnte er es nicht drehen. Vergeblich versuchte er, das Blei am Steuerruder durch siedendes Öl zum Schmelzen zu bringen. So begann ein schwerer Kampf, der drei Tage dauerte. Nach verzweifelter Gegenwehr Störtebekers und seiner Genossen, die wußten, was ihnen bevorstand, behielten die Hamburger den Sieg. Die „Bunte Kuh" unter Simon von Utrecht hatte dabei Wunder der Tapferkeit vollbracht. Viele der Piraten waren erschlagen und ins Meer geworfen worden, nur ein kleiner Teil entkam, ihre mit Reichtümern beladenen Schiffe wurden erbeutet. Der größte Triumph für die Hamburger aber war die Gefangennahme von Klaus Störtebeker, seines Unterbefehlshabers Wichmann und von siebzig Vitalienbrüdern.
In Hamburg machte man kurzen Prozeß mit den Seeräubern. Störte-

beker saß in einem Keller des Rathauses, der bis zu seiner Zerstörung 'Störtebekers Loch' genannt wurde. Als man ihm sein Todesurteil verkündete, bot er dem Stadtrat für sein Leben eine goldene Kette an, so lang, daß man den ganzen Dom, ja die ganze Stadt damit umschließen könne. Der Rat wies dieses Anerbieten mit Entrüstung zurück.
Schon am nächsten Tag wurden die Seeräuber auf dem Grasbrook hingerichtet. Als die zweiundsiebzig verwegenen Gesellen stattlich und hocherhobenen Hauptes hinter den Trommlern und Pfeifern zum Richtplatz schritten, war die ganze Stadt versammelt. Laute Schmährufe der Männer begleiteten sie auf ihrem Weg, aber viele Frauen und Mädchen weinten und beklagten ihren Tod.
Störtebeker, den der Gedanke bedrückte, daß so viele Vitalienbrüder seinetwegen sterben sollten, bat um die Gewährung einer letzten Bitte: „Wenn ihr mir den Kopf abgeschlagen habt, so laßt mich kopflos weitergehen. Diejenigen meiner Kameraden, an denen ich aufrecht vorüberkomme, ehe ich umfalle, laßt am Leben bleiben!"
Das versprach man ihm umso lieber, als man es für unmöglich hielt. Aber als ihn der Scharfrichter enthauptet hatte, begann er tatsächlich zu gehen und kam an elf seiner Kameraden vorüber, die hinter ihm in einer Reihe standen. Dann strauchelte er und fiel tot nieder. Die elf Piraten wurden begnadigt.
Störtebekers Schiff wurde von den Hamburgern eifrig nach seinen Schätzen untersucht, aber außer einigen Pokalen und anderem Tafelgerät fanden sie anfänglich nichts. Endlich schlug ein Zimmermann mit seiner Axt zufällig gegen den Hauptmast und entdeckte dabei eine Höhlung, die voll von geschmolzenem Gold war. Als man die Masten näher untersuchte, zeigte sich, daß der ganze Hauptmast mit purem Gold, die beiden anderen mit Silber und Kupfer angefüllt waren. Der Zimmermann wurde reichlich belohnt, und aus dem Gold ließ der Hamburger Rat eine goldene Krone für den Turm der Nicolaikirche arbeiten. Später haben die Franzosen daraus Dukaten geschlagen.
Aber noch war Gödeke Michels mit dem Rest der Vitalienbrüder in Freiheit und machte Meer und Küsten unsicher. Wiederum gelang es Simon von Utrecht, der mit seiner „Bunten Kuh" die Hamburgische

Flotte anführte, den Piraten eine völlige Niederlage beizubringen. Gödeke Michels, sein Unterhauptmann Wigbold und achtzig Seeräuber wurden wie ihre Spießgesellen vorher auf dem Grasbrook vor den versammelten Hamburger Bürgern enthauptet.

Als die ehrsamen Ratsherren, die auch diesmal der Massenhinrichtung beigewohnt hatten, den Scharfrichter Rosenfeld fragten, ob ihn seine schreckliche Arbeit nicht sehr erschöpft habe, soll er grimmig erwidert haben: „Mir ist so wohl, daß ich noch genügend Kraft habe, um den ganzen Rat ebenfalls zu köpfen!"

Darüber waren die hohen Herren sehr entsetzt und suchten sich schleunigst einen anderen Scharfrichter.

An Störtebeker gibt es noch viele Erinnerungen. Sein Hemd und seine Pantoffeln sind in Emden aufbewahrt und werden dort heute noch gezeigt. Das Richtschwert Rosenbergs befindet sich im Hamburger Arsenal des Bürgermilitärs. Als eine der größten Merkwürdigkeiten Hamburgs aber galt lange Zeit der sogenannte Störtebeker, ein silberner Becher, aus dem er getrunken haben soll. Auf diesem Becher, der etwa einundeinviertel Ellen hoch ist und drei Liter faßt, ist eine Seeschlacht dargestellt, die zusammen mit den anderen Bildern Störtebekers Leben zeigt. Doch ist er später angefertigt und wurde sicher nie von dem Seeräuber benutzt.

In Marienhaven aber spukt es heute noch. Wenn die Glocke Mitternacht schlägt, hört man in den unteren Räumen des Kirchturms Rumoren und lautes Stöhnen. Manche sahen dort auch einen Mann wandeln, der seinen blutigen Kopf unterm Arm trug. Es soll ein Räuber aus Störtebekers Schar sein, der sich in ein Edelfräulein aus der Umgebung verliebt hatte und um sie warb. Die Schöne aber lehnte seinen Antrag ab, da sie bereits mit einem jungen Ritter verlobt war. Kurzerhand raubte sie der Pirat zusammen mit ein paar Helfershelfern und brachte sie in den Turm von Marienhaven. Doch das unglückliche Mädchen zog den Tod der Schande vor und stürzte sich nachts aus dem Fenster des Gemaches hinunter ins Meer. Nachdem der Übeltäter zusammen mit Störtebeker enthauptet worden war, fand er im Grab keine Ruhe und geht seitdem um in Marienhaven.

Von Seeräubern und Piraten

Das Ende Pidder Lüngs

Pidder Lüng, wegen seiner außerordentlichen Größe auch der lange Peter genannt, war auf Sylt geboren und wurde ein Seeräuber. Er liebte seine Heimat Friesland sehr und hatte allen Feinden der Friesen und ihrer Freiheit Tod und Untergang geschworen. Da er sich aber auf Sylt nicht sicher fühlte, ließ er zu seinem und seiner Genossen Schutz die alte Rantumburg neu befestigen. Dabei stieß er auf eine Menge vergrabener Schätze, die ihm den Bau von Schiffen ermöglichten. Er bemannte sie mit gleichgesinnten Landsleuten, darunter vielen Hörnumer Fischern, denen er seinen Plan erklärte: Kampf den Schiffen aller Länder, Fürsten und Städte, welche die Friesen zu unterjochen und zu besteuern versuchten. Er sagte ihnen auch, daß sie von nun an vogelfrei seien und das Meer ihre Heimat sei. Auf dem Festland würden Galgen und Rad sie erwarten. Zur ständigen Erinnerung daran ließ er jedem seiner Offiziere und Schiffsleute auf die eine Seite seines Gewandes ein Rad und auf die andere einen Galgen nähen. So ausgerüstet, fuhr Pidder Lüng mit seiner Flotte und seiner Mannschaft aufs Meer hinaus.

Die Helgoländer Bucht, die Mündungen von Elbe, Weser, Eider und Jade, die holländischen und dänischen Küsten waren ihr Jagdgebiet, und sie bekämpften und plünderten nicht nur die Kriegsschiffe der Holländer, Dänen und Hansestädte, sondern bald auch ihre friedlichen Handelsschiffe und Fischerboote oder Segler, die Schiffbruch erlitten hatten. Ihre Zufluchtsstätten und Schlupfwinkel waren die Sandbänke, Dünen und kleinen Inseln der Nordsee, ihre Hauptsammelplätze aber Helgoland und der alte Freihafen von Hörnum, wo sie auch ihr Winterquartier hatten.

Trotz seinen mächtigen Feinden schien das Glück Pidder Lüng günstig zu sein. Wegen seiner Kraft, Kühnheit und der Menge seiner Kampf- und Raubgenossen, die ihm blind ergeben waren, stieß er selten auf nachhaltigen Widerstand. Und je höher sein Glücksstern stieg, desto hochmütiger wurde er.

1515 trug er entscheidend dazu bei, Herzog Georg von Sachsen mit

seiner fünftausend Mann starken Schwarzen Garde aus Friesland zu vertreiben, die dort seit Jahren lag und raubte, plünderte und mordete. Nachdem er erfahren hatte, daß eine starke holländische Flotte sich mit der des Sachsenherzogs vereinigen wolle, zwang er die Holländer zu einer mörderischen Schlacht, in der er siegte. Achtzehn Schiffe, reich beladen mit Proviant, Munition und Geld, gerieten in die Hände der Freibeuter, dazu mehr als siebenhundert Gefangene. In seinem Siegesübermut ließ Pidder Lüng hundertelf von ihnen über Bord werfen und ertrinken. Herzog Georg von Sachsen schloß noch im gleichen Jahr Frieden und zog aus Friesland ab.
Doch nach diesem Sieg und der barbarischen Rache schien sich Lüngs Glück schnell zu wenden: Er war zu sicher und sorglos geworden, und wenn er sie auch von den Sachsen befreit hatte, so fürchteten ihn doch seine eigenen Landsleute im geheimen schon lange. Als er einst nach einem verlorenen Kampf mit dem Rest seiner Schiffe und Leute in Hörnum landete, fand er dort vieles verändert und die Schanze seiner Burg zerstört. Auf seine zornigen Fragen antwortete man ihm, daß der Strandvogt Erk Mannis zu Westerland und die übrigen Land-, Strand- und Bauernvögte der Insel dafür verantwortlich seien. Da erkannte Pidder Lüng, daß jetzt die Stunde gekommen war, gegen seine eigenen Landsleute und ihre Vögte kämpfen zu müssen.
Er sammelte seine besten und treuesten Leute, marschierte mit ihnen nach Westerland, ließ sie dort plündern und ging selbst mit sieben Mann zum Haus von Erk Mannis, um Rechenschaft von ihm zu fordern.
Der Strandvogt aber war ein kluger und entschlossener Mann. Er empfing die Eindringlinge freundlich, lud sie zu Tisch und bewirtete sie mit dem Besten, was seine Küche und sein Keller zu bieten hatten. Immer wenn Pidder Lüng auf seine zerstörte Burg zu sprechen kommen wollte, öffnete er eine Flasche noch besseren Weines. Am Ende lag Pidder inmitten seiner sieben Leute betrunken auf der Diele.
Da ließ der Strandvogt eilig alle waffenfähigen Männer von Westerland und Tinnum zusammenrufen und schlug mit ihnen die in den einzelnen Dörfern plündernden Freibeuter in die Flucht. Dann zog

alles zum Haus des Strandvogts, um mit dem betrunkenen Anführer und seinen sieben Getreuen abzurechnen.
Der lange Peter aber erholte sich sehr schnell von seinem Rausch, als er die Gefahr erkannte. Da es keine Fluchtmöglichkeit gab, verrammelten sie die Türen des Hauses und beschlossen, ihr Leben so teuer wie möglich zu verkaufen. Nach verzweifeltem Widerstand wurden sie jedoch schließlich von der Überzahl ihrer Gegener überwältigt und gefangen genommen.
Pidder Lüng und seine Freibeuter wurden vor das Gericht des Sylter Rates gestellt. Dieser sprach — widerstrebend allerdings, wie es heißt — nach dem alten friesischen Gesetz das Todesurteil über Pidder Lüng und seine Leute aus. Einige Tage darauf wurden er und sechs seiner Genossen auf dem Galgenhügel in der Heide bei Munkmarsch aufgeknüpft, den siebenten Gefangenen, einen Knaben, ließ man wegen seiner Jugend laufen. Der aber rächte nach einigen Jahren den Tod der Piraten: In einer Nacht zündete er das Haus des Strandvogts Erk Mannis an. Es brannte bis auf die Grundmauern nieder.
Das war das traurige Ende Pidder Lüngs, der in seiner Jugend geschworen hatte, dem Wahlspruch seines Großvaters Jens Lüng treuzubleiben:

„Lewwer duad üs Slaaw!"

Der schwarze Roelf

Vor einigen hundert Jahren trieb auf der Nordsee der schwarze Roelf sein Unwesen. Von ihm ging die Sage, er sei nie geboren worden und könne deshalb auch nie sterben. So brauchte er sich vor keinem Kampf zu fürchten und nahm es tollkühn mit jedem auf. Alle Küsten, alle Inseln hatte er schon heimgesucht, nur auf Borkum war er noch nie gewesen.
Es war im Frühjahr, und die Borkumer Männer hatten ihre Insel verlassen, um auf holländischen Schiffen ihr Brot zu verdienen. Der schwarze Roelf wußte das und beschloß daher, den zurückgebliebenen

Frauen einen Besuch abzustatten. Er ließ sein Schiff an den Borkumer Dünen vor Anker gehen, und hoch oben am Mast wehte die rote Seeräuberfahne.

Eine junge Fischersfrau, die in der Nähe gerade Vogeleier suchte, entdeckte das gefürchtete Zeichen. Schnell lief sie nach Borkum und warnte die anderen Frauen. Die hielten sofort Kriegsrat und beschlossen, sich ihrer Haut zu wehren. Um den schwarzen Roelf zu täuschen, zogen sie Männerkleider an und bewaffneten sich. Dann schleppten sie eine alte Schiffskanone an den Strand, und kaum war sie dem Seeräuberschiff gegenüber aufgestellt, ließen die wehrhaften Frauen auch schon die erste fünfpfündige Kugel durch die Luft sausen. Sie traf! Der Hauptmast des Piratenschiffes fiel krachend über Bord.

Das gab den Frauen ungeheuren Mut, und eine Kugel nach der anderen landete auf dem Schiff des schwarzen Roelf. Nicht lange dauerte es, da erschien die weiße Flagge im Topp: Die Seeräuber kapitulierten! Nun wurde zwischen Strand und Schiff verhandelt, und schließlich versprachen die Frauen den Piraten das Leben, wenn sie einzeln und ohne Waffen an Land kämen. Das geschah denn auch, und alle wurden sie geknebelt und in den Turm gebracht. Das Räuberschiff wurde angezündet und brannte bis auf den letzten Balken ab.

Wären die Frauen von Borkum nicht so gutherzig gewesen, so hätten sie mit dieser List den schwarzen Roelf und seine Bande ein für allemal unschädlich gemacht. Doch unter den Gefangenen war auch die Tochter des schwarzen Roelf, ein junges Mädchen, das sehr sanft und flehentlich um Schonung bat. Die mitleidigen Frauen nahmen dem jungen Ding die Ketten wieder ab, doch in der Nacht löste es die Fesseln der Piraten, und alle entflohen. Aber das einzige Boot, das sie fanden und zur Flucht benutzten, war zu klein für so viele Menschen: Es kenterte, und so wurden der schwarze Roelf und seine Leute doch noch von ihrem Schicksal ereilt, denn alle ertranken im Meer.

VON ALLERLEI TIEREN

Die Fockbeker und der Aal

Ein Fockbeker hatte in Rendsburg für ein paar Schillinge gesalzene Heringe gekauft und lud alle seine Nachbarn zum Essen ein. Sie fan= den die Mahlzeit ganz vortrefflich und waren sich darüber einig, daß diese Fische in Fockbek gezüchtet werden müßten. Der Klügste unter ihnen gab den Rat, einen ganzen Korb voll der köstlichen Tiere aus der Stadt zu holen und sie in den Fockbeker Dorfteich zu setzen. Dort würden sie sich vermehren, und jeder könne so viele Heringe haben wie er wolle.

Gesagt, getan. Jeden Abend versammelten sich von nun an die Fock= beker um ihren Dorfteich und guckten aufmerksam ins Wasser. So= bald sich darin etwas regte, brachen sie in Jubel aus, und alle freuten sich auf den künftigen Gewinn. Im nächsten Herbst wurde auf Ge= meindekosten ein riesengroßes Netz gekauft. Aber der Klügste im Ort trat wieder hervor und meinte, daß es doch besser sei, den ganzen Teich ablaufen zu lassen. Nun wurde ein Graben angelegt, und als das Wasser abfloß, war die ganze Gemeinde um den Teich versammelt und freute sich auf die Heringe. Aber es war keine Spur von ihnen zu sehen, nur ein großer, dicker Aal wälzte sich schließlich im Schlamm. Tief enttäuscht fingen ihn die Fockbeker und waren sich darüber einig, daß nur er ihre sämtlichen Heringe aufgefressen haben könne. Sie beschlossen also, ihn schwer dafür zu bestrafen.

„Wir wollen ihn schlachten und aufessen!" schlug einer vor.

„Das ist ein zu leichter Tod!" widersprach ein anderer, und da er sich einmal gebrannt hatte, schlug er vor, den Aal ins Feuer zu werfen.

Doch der Klügste, der einmal ins Wasser fiel und beinahe ertrunken wäre, entschied: „Wie wollen ihn in den Bach werfen und ertränken!“ Alle waren sich darin einig, daß Ertrinken der schlimmste Tod sein müsse, und so wurde der Aal ins Wasser geworfen. Als er sich fröhlich in seinem nassen Element krümmte und schlängelte, rief der Klügste: „Seht, wie er sich quält!“
Da gingen die Fockbeker glücklich über ihre Rache nach Hause.

Der Goldfisch

Zwei arme Fischer, die auf dem Schleswiger Holm wohnten, hatten die ganze Nacht vergeblich gearbeitet und zogen auch beim letzten Mal ihre Netze wieder leer herauf. Als sie nun traurig heimfahren wollten, erschien ihnen die schwarze Greet. Einst, als sie noch Herrin im Husumer Schloß war, hatten ihre Untertanen sie gefürchtet und gehaßt wegen ihres Geizes. Zur Strafe dafür findet sie im Grab keine Ruhe und erscheint nachts den Fischern. In königlicher Pracht, geschmückt mit Perlen und Diamanten, aber in einem schwarzen Gewand, kam sie vom anderen Ufer her, wo eine Stelle im Dannewerk bei Haddeby nach ihr Margaretenwall heißt.
Sie sagte zu den erschrockenen Fischern: „Legt eure Netze noch einmal aus, ihr werdet einen reichen Fang tun. Den besten Fisch aber, den ihr fangt, müßt ihr wieder ins Wasser werfen!“
Die beiden versprachen es, und als sie ihre Netze wieder einzogen, waren sie zum Bersten gefüllt mit den köstlichsten Fischen. Einer der Fische aber war der beste: Er hatte Goldmünzen statt Schuppen, Flossen von Smaragd und statt der Augen große Perlen.
Der eine von den beiden Fischern wollte ihn gleich wieder ins Wasser setzen, aber der andere ergriff das kostbare Tier und versteckte es unter dem übrigen Haufen, damit die schwarze Greet es nicht sähe. Dann begann er hastig zu rudern, denn er fürchtete sich auf einmal. Zögernd und mit schlechtem Gewissen gehorchte ihm sein Gefährte. Aber wie sie so dahinfuhren, begannen die Fische im Boot auf einmal zu glitzern

und zu leuchten, denn der Goldfisch, der unter ihnen verborgen war, begann sie zu Gold zu machen. Schwer und immer schwerer wurde der Kahn, bis er schließlich in die Tiefe des Meeres versank und den unehrlichen Fischer mit hinabzog. Nur mit knapper Not rettete der andere sein Leben, und er hat die Geschichte den Holmer Fischern zur Warnung erzählt.

Der Fischkönig im Broekzeteler Meer

Jeder weiß, daß manche Völker Könige haben. Und daß die Bienen sich jedes Jahr eine Königin wählen, ist auch allgemein bekannt. Daß auch die Schlangen Könige und Königinnen haben, können nur wenige berichten, aber über den Fischkönig wissen nur die Fischer Bescheid, und unter ihnen auch nur die ältesten und erfahrensten. Und doch ist der König der Fische schon hier und da gesehen worden, und einmal hat man ihn sogar gefangengenommen.

Der Fischkönig war ein großes, mächtiges Tier und Herr über alle Fische in der ganzen Nordsee. Man kann sich vorstellen, daß er viel zu tun hatte bei so vielen Untertanen. Als einmal die Fische der Nordsee gegen die Fische der Ostsee Krieg führten, zog er als echter König seinem Heer voran und verlor im Kampf mit dem Anführer der Feinde ein Auge. Seitdem erhielt er den Namen „König Eenoog". Allmählich aber wurde er alt, und nachdem er auch noch seine liebe Frau verloren hatte, die einem Fischer ins Netz ging, beschloß er, sich zur Ruhe zu setzen.

Sein Lieblingsaufenthalt war schon immer sein Palast auf dem Grunde des Broekzeteler Meeres im Emsland gewesen. Dorthin pflegte er sich zur Erholung von seinen anstrengenden Regierungsgeschäften oder zur Beratung mit seinen engsten Getreuen zurückzuziehen, und nun wählte er das Broekzeteler Meer zu seinem Alterssitz.

Das Süßwasserklima dort bekam ihm ausgezeichnet, und auch vereinsamt brauchte er sich nicht zu fühlen, denn es wimmelte nur so von Fischen aller Art und Größe. Die Fischer, die vom Fang im Broekzete=

ler Meer lebten, hatten die Tiere zur Laichzeit nämlich immer geschont, so daß sie sich ungestört vermehren konnten. Als aber eine Teuerung im Lande ausbrach, bekamen ein paar Unersättliche, die schon immer für eine größere Ausbeute gewesen waren, die Oberhand und sagten: „Wollt ihr arme Leute werden, nur um die Fische zu schonen? Wir wollen ausfahren und das ganze Broekzeteler Meer leerfischen. Durch diesen Fischzug werden wir bei den jetzigen hohen Preisen reiche Leute und haben ausgesorgt für unser ganzes Leben!" Da wurden auch die übrigen von der Geldgier gepackt, und in einer schönen Nacht fuhren sie alle miteinander aus zum Fang. Sie fischten, bis alle ihre Körbe und Fässer gefüllt und die Boote randvoll von silbrig schimmernden Fischleibern waren. Dann beschlossen sie, noch einen allerletzten Zug zu machen, und dabei wurde ein Hecht von ungeheurer Größe gefangen, der nur ein Auge hatte. Das aber war groß wie eine Kaffeetasse. Die ältesten unter den Fischern erkannten ihn sofort und erschraken fürchterlich: Es war Eenoog, der alte Fischkönig!

Zornig lag er mitten im Netz, das die Fischer von allen Seiten an ihren Booten befestigt hatten und blickte aus seinem Auge in die Runde. Aber als sie versuchten, ihn heranzuziehen, kippten alle ihre vollgeladenen Fahrzeuge um. Es gab im Wasser ein großes Durcheinander von Fischen, die fröhlich davonschwammen, und Fischern, die mit Mühe und Not ihr Leben retteten. Auch der Fischkönig hatte sich natürlich mit einem gewaltigen Hechtsprung aus seinem Netz befreit und kehrte auf seinen Altersruhesitz zurück. Dort lebt er heute noch, allgemein verehrt von den Fischen des Broekzeteler Meeres, die seit diesem Ereignis und unter seinem Schutz von den Fischern sehr schonend behandelt werden.

Hecht und Kaulbarsch

Der Hecht heißt nach einem Gutsbesitzer aus der Gegend von Lübeck, Hecht von Buchwald, mit dem es ein böses Ende nahm. Weil er so gierig und herrschsüchtig war und niemand neben sich gelten ließ,

nannten die Fischer der Umgebung den großen Fisch, der alle kleinen rings um sich auffrißt, nach ihm Hecht. Und dabei blieb es.
Hecht von Buchwald und seine Brüder lebten gern auf großem Fuß, und wenn das nötige Geld nicht in ihrer Kasse war, so liehen sie es sich, ohne ans Rückzahlen zu denken. Vor allem bei einem wohlhabenden Lübecker Bürger namens Mörkercke war ihr Schuldkonto groß. Er mußte ihnen immer wieder Geld auf ihre Güter leihen und hatte von ihnen auch einen Pfandschein darüber bekommen. Aber die Jahre vergingen, ohne daß die von Buchwald ihm einen Heller abzahlten. Nachdem alle seine Mahnbriefe und Fragen unbeantwortet geblieben waren, schrieb Mörkercke an Hecht von Buchwald, daß er nun nicht länger warten könne, da er selbst sein Geld dringend brauche. Er sehe sich daher gezwungen, am nächsten Freitag zu kommen, um die Pfändung vorzunehmen.
Hecht von Buchwald und seine Brüder gerieten darüber außer sich vor Zorn. Ohne Mörkercke eine Antwort zu geben, lauerten sie ihm am Freitag in einem dichten Gehölz auf, schlugen ihn nieder und brachten ihn gefesselt auf Hechts Hof. Dort sperrten sie ihn in einen Turm und schlugen ihn fast tot.
Mörkerckes Freunde warteten vergeblich auf seine Rückkehr. Endlich machten sie sich auf nach Buchwald und verhandelten mit Hecht. Sie verbürgten sich mit ihrem eigenen Besitz und versprachen, die Schuld der Buchwalder zu begleichen, wenn man ihnen ihren Freund freigäbe. „Ihr könnt ihn haben!" erwiderte Hecht. „Ich werde ihn euch in drei Tagen auf halbem Weg in einem Wagen entgegenschicken."
Erleichtert gingen die Freunde zurück nach Lübeck, um den Wagen zur verabredeten Zeit zu erwarten. Doch sie fanden darin nur die Leiche ihres Freundes, denn Mörkercke war inzwischen an seinen Verwundungen und vor Kummer gestorben. Außer sich vor Schmerz und Zorn fuhren sie zurück zu Hecht von Buchwald und stellten ihn zur Rede. Der aber ging gar nicht auf ihre Anklagen ein, sondern ließ seine Knechte kommen, die das Haupt der Leiche abschlagen und auf einen Pfahl stecken mußten, wie man es damals mit Straßenräubern zu tun pflegte.

Die Freunde Mörkerckes kehrten zurück nach Lübeck und berichteten dort von der Untat Hechts und seiner Brüder. Nicht nur die Verwandten und Bekannten des Ermordeten, die ganze Stadt geriet in Aufruhr über diese grausame Tat und beschloß, sie zu rächen. Die Güter derer von Buchwald wurden zerstört und verwüstet, Hecht und neun seiner Brüder gefangengenommen und in Lübeck vor Gericht gestellt, zum Tode verurteilt und enthauptet. Über Hechts letzte Worte wurde Folgendes erzählt:

Auf dem Weg zur Richtstätte fragte er den Scharfrichter, wie er denn heiße. „Kaulbarsch", erwiderte der Mann. „Ach!" seufzte da Hecht, „wie dumm das doch ist und gegen alle Natur, daß ein solch harmloser Fisch einen Hecht umbringen soll!"

Storchenland

Wenn uns die Störche im Herbst verlassen, ziehen sie in ein fernes, fernes Land, das kaum je ein Mensch betreten hat. Es geht die Sage, daß sie sich dort bei ihrer Ankunft in Menschen verwandeln und bis zu ihrem Rückflug im Frühjahr wie Menschen leben. Nur ihre Nahrung bleibt die von Störchen: Frösche, Mäuse und Weichtiere.

Daß das wirklich so ist, erlebte vor langer Zeit ein Schiffer von der Insel Rügen.

Sein Schiff war bei einem schweren Sturm untergegangen, und als einziger Überlebender trieb er in einem winzigen Boot ziellos auf dem wilden Meer, bis er eines Tages an den Strand von Storchenland gespült wurde. Ein paar Leute versammelten sich um ihn, die er bat, ihm etwas zu Essen zu geben. Natürlich war er nicht sehr begeistert, als sie ihm eine große Schüssel mit Fröschen und Mäusen vorsetzten und ihm guten Appetit wünschten. Auf seine verwunderte Frage antworteten sie ihm: „Wenn wir bei euch sind, bekommen wir auch nichts anderes zu essen!"

Als der Schiffer daraufhin noch immer nicht merkte, mit wem er es zu tun hatte, erzählten sie ihm, daß sie sich jedes Jahr im Frühjahr in

Störche verwandelten, um für den Sommer nach dem Norden überzusiedeln.

Der Schiffer fand das sehr hübsch, und als ihm eine ganz besonders schöne Jungfrau eine große Schüssel mit gebackenen Froschschenkeln brachte, verzehrte er das Gericht mit Heißhunger. Die Schöne saß dabei neben ihm und berichtete ihm von ihrem Leben als Menschenmädchen im Süden und als Störchin im Norden.

Wochen vergingen. Für den Schiffer von Rügen bestand nicht die geringste Aussicht zur Heimkehr, und wenn er das anfänglich noch bedauert und vergeblich nach einem Schiff Ausschau gehalten hatte, so ließ sein Kummer darüber doch sehr bald nach. Es gefiel ihm von Tag zu Tag besser im Storchenland. Alle Leute waren freundlich zu ihm, und vor allem die dunkelhaarige Schöne hatte es ihm angetan. Schließlich faßte er sich ein Herz und bat ihren Vater, der ihn in seinem Haus aufgenommen hatte, um ihre Hand.

Der wiegte bedenklich sein Haupt. „Wir haben dich hier zwar alle liebgewonnen", sagte er, „und auch meine Tochter wird bestimmt nicht nein sagen. Aber wie soll es im Sommer werden, wenn wir uns alle in Störche verwandeln und nach den nördlichen Ländern fliegen?"

„Dann werde ich hierbleiben und auf eure Rückkehr warten", erklärte der Schiffer von Rügen. „Keine Mühsal ist mir zu groß, wenn nur deine Tochter meine Frau werden will!"

Daraufhin trat das Parlament der Storchmenschen zur Beratung zusammen, denn solch einen Fall hatte es im Land noch nicht gegeben. Aber niemand hatte etwas gegen die Heirat des Seemannes mit der schönen Dunkelhaarigen einzuwenden, und so wurden die beiden Mann und Frau.

Einige Monate lebten sie glücklich und ungestört miteinander. Dann aber, als die Tage länger wurden und die Sonne immer wärmer schien, kam Unruhe über die Bewohner vom Storchenland. Sie trafen sich zu langen Besprechungen am Strand, und eines Abends sagte seine Frau zum Seemann von Rügen: „Liebster, morgen müssen wir uns trennen für ein halbes Jahr, denn es wird Frühling, und wir nehmen nun wieder Storchengestalt an, um nach dem Norden zu fliegen."

Der Seemann war über alle Maßen betrübt. „Ist es denn nicht möglich, daß die anderen alle fliegen und du hier bei mir zurückbleibst?" fragte er.
„Es ist für mich so unmöglich wie für dich, ein Storch zu werden", sagte seine Frau ernst. „Es liegt in unserer Natur. Wenn der Frühling kommt, ergreift uns eine mächtige Sehnsucht nach den kühlen Ländern des Nordens. So groß ist sie, daß wir uns in einer Nacht alle miteinander in Störche verwandeln und am Morgen davonfliegen. Das ist so bei uns seit Jahrtausenden."
Am nächsten Tag erwachte er ganz früh von einem merkwürdigen Klappern: Eine sehr hübsche Störchin stand neben seinem Bett, mit glänzenden weißen und schwarzen Federn und leuchtendroten Beinen. Sie bedeutete ihm, ihr zum Strand zu folgen. Schon von Weitem hörte er das Klappern von vielen Storchschnäbeln und das Rauschen ihrer Flügel. Sie hatten bereits auf seine Frau gewartet, und als sie nun alle vollzählig versammelt waren, erhoben sie sich wie eine riesengroße Wolke in die Luft und flogen davon, gen Norden.

Traurig stand der Seemann allein am Strand und sah ihnen nach, traurig verzehrte er die gebackenen Froschschenkel, die seine Frau noch für ihn bereitet hatte. Als er nach einigen Tagen seinen ersten

Kummer überwunden hatte, beschloß er, während der Wartezeit ein hübsches, kleines, neues Haus zu bauen, um seine Frau bei ihrer Rückkehr im Herbst damit zu überraschen. Er trocknete Ziegel aus dem Schlamm des großen Stromes, der durch Storchenland floß, hob den Grund aus, fällte Palmen, baute das Haus und deckte es mit einem Dach aus geflochtenem Schilf. Als er damit fertig war, blieben ihm gerade noch ein paar Tage, um leckere Frösche und zarte junge Mäuse für die Küche zu sammeln. Dann verdunkelte sich eines Tages gegen Abend der ewig blaue Himmel von Storchenland, Flügelrauschen erfüllte die Luft, und die Störche kamen zurück. Sobald ihre roten Füße das Land berührten, verwandelten sie sich in die Menschen, die er kannte, und seine liebe Frau kam auf ihn zugelaufen und warf sich unter Freudentränen in seine Arme.
Sie war ganz begeistert von dem neuen Haus, und wieder begann eine Zeit voll Glück und Liebe für das junge Paar. Als dann nach einem halben Jahr der Tag der Trennung näherrückte, sagte er zärtlich zu ihr: „Um nicht vor Sehnsucht nach dir während deiner langen Abwesenheit zu vergehen, werde ich in jedem Sommer etwas tun, worüber du dich bei der Heimkehr freuen kannst!"
Und er hielt sein Versprechen. Im Laufe der Zeit wurde aus dem bescheidenen Häuschen ein stattliches Haus in einem blühenden Garten mit kühlen Springbrunnen, schattigen Bäumen und gepflegten Wegen. Er baute eine hübsche Kutsche, in der er mit seiner Frau weite Fahrten durch Storchenland unternahm und legte eine große Wiese für Ballspiele, Feste und Tänze an. Seine Frau dankte es ihm mit Treue und Zärtlichkeit.
Doch je älter er wurde, desto schwerer fiel es ihm, die Störche im Frühling gen Norden ziehen zu sehen. Immer öfter mußte er an die weißen Felsen und grünen Wiesen von Rügen denken, an die segelnden Wolken über der Nordsee und den Schrei der Möven. Eines Tages trug er dem Storchenparlament, bei dem er längst einen Ehrenplatz innehatte, seinen brennenden Wunsch vor, seine Heimat wenigstens einmal wiederzusehen.
Eine lange Beratung begann, dann erhob sich der Älteste und sprach:

„Dein Wunsch ist verständlich, aber er betrübt uns tief. Denn es gibt nur eine einzige Möglichkeit, ihn zu erfüllen: Deine Sehnsucht muß so über alle Maßen stark werden, daß in deinem Herzen für nichts anderes mehr Platz ist. Dann kann es sein, daß du dich eines Nachts im Frühling mit uns in einen Storch verwandelst und nach Norden fliegst. Aber du mußt wissen, daß es dein Tod sein wird."

Dieser Gedanke bedrückte den Seemann und seine Frau sehr, und sie tat alles, was sie konnte, um ihn sein Heimweh vergessen zu lassen. Noch einmal zog sie im Frühjahr mit den anderen davon, während er traurig zurückblieb. Doch zum ersten Mal fiel ihm nichts ein, womit er sie bei der Rückkehr überraschen könnte. Er fühlte sich alt und allein und saß täglich am Strand, den Blick nach Norden gerichtet. Seine Frau war sehr betrübt, als sie ihn so verändert wiederfand.

Im Laufe des nächsten halben Jahres wurde seine Sehnsucht nach Rügen immer stärker, und als im Frühjahr die Nacht der Verwandlung gekommen war, wußte er, daß es für ihn auf der ganzen Welt keinen größeren Wunsch gab, als mit den anderen davonzufliegen. Und es war, wie der Älteste im Storchenparlament gesagt hatte: Er erwachte als ein Storch. Überglücklich erhob er sich mit seiner Frau, die ganz still geworden war, in die Lüfte.

Nachdem sie viele Tage und Nächte über Länder und Meere geflogen waren, lag eines Morgens Rügen grün und weiß und wogenumspült unter ihnen. In seinem ganzen Leben hatte er nichts Schöneres gesehen, so kam es dem verwandelten Seemann vor. Er konnte die Heimkehr nicht mehr erwarten und flog schnell den anderen voraus. Sein Herz schlug hoch vor Freude, als er sich auf der Insel niederließ, immer stärker, und im nächsten Augenblick sank er mit ausgebreiteten Flügeln tot zur Erde.

Der dankbare Storch

Es gibt noch eine andere Geschichte über die Heimat der Störche. Bekanntlich können Störche, wenn sie sich verletzt und Schmerzen haben, jammern, daß es wie das Weinen eines Menschen klingt.

Einen solch weinenden Storch fand ein Fischer auf Usedom. Das arme Tier hatte sich sein Bein gebrochen und konnte nur noch hilflos auf dem anderen hüpfen. Der Fischer nahm den Storch mit nach Hause und pflegte ihn wieder gesund. Seitdem kam er in jedem Frühjahr, um auf dem Haus zu nisten und blieb bis zum Herbst.

So vergingen viele Jahre. Eines Tages, es war mitten im Winter, mußte der Fischer mit seinem Schiff bei Nordfriesland vor Anker gehen. Als er aber wieder weitersegeln wollte, ging es nicht: Der Anker hatte sich in der Tiefe des Meeres so fest verfangen, daß er nicht zu lichten war. Dem Schiffer blieb nichts anderes übrig, als selbst hinunterzutauchen in die kalte Flut. Dort entdeckte er, daß der Anker an einem versunkenen Kirchturm festsaß. Neugierig tauchte er noch tiefer und kam auf dem Meeresgrund zu einer großen und prächtigen Stadt, deren Bewohner ihn freundlich aufnahmen. Vor allem ein würdiger Greis kam freudestrahlend auf ihn zu, schloß ihn in die Arme und begrüßte ihn wie einen alten Freund. Als der Fischer ihn verwundert fragte, wer er denn sei und wie die Stadt heiße, erklärte ihm der Alte das Geheimnis: „Du bist hier in der Heimat der Störche, und ich bin der kranke Storch, den du gesundpflegtest und der alljährlich auf deinem Haus nistete. So freundlich wie du mich behandelt hast, heißen wir dich hier bei uns willkommen!"

Da blieb der Fischer noch eine Weile bei seinen seltsamen Gastgebern, und nachdem er sich herzlich von ihnen verabschiedet hatte, schwamm er wieder hinauf. Unterwegs löste er den Anker vom Kirchturm und segelte dann davon. Als er nach einiger Zeit versuchte, die Heimat der Störche noch einmal wiederzufinden, gelang es ihm nicht. Soviel er auch danach fragte, niemand konnte ihm darüber Auskunft geben, ja, die Leute glaubten ihm sein Erlebnis nicht einmal und lachten ihn nur aus. Nur der Storch, der allerdings immer älter und klappriger wurde, kam jedes Jahr wieder zu ihm und nickte ihm vom Dach des Hauses freundlich und vertraulich zu.